MÉMOIRES

DE LA

SOCIÉTÉ DE LINGUISTIQUE

DE PARIS

MÉMOIRES

DE LA

SOCIÉTÉ DE LINGUISTIQUE

DE PARIS

NOUVELLE SÉRIE

TOME XI

LES LANGUES DE COMMUNICATION

Quelles propriétés structurales
préalables ou acquises?

PEETERS

2001

D. 2001/0602/102

ISBN 90-429-1119-0 (Peeters Leuven)
ISBN 2-87723-630-7 (Peeters France)

© 2001 - Peeters - Bondgenotenlaan 153 - B-3000 Leuven

AVANT-PROPOS

Le 20 janvier 2001, des spécialistes de différentes aires linguistiques et de différentes périodes du développement de langues de très grande communication (grec, latin, arabe, langues romanes, chinois, mandarin) et de communication régionale (songhaï) ont abordé sous diverses perspectives la question de la corrélation hypothétique entre les propriétés structurales d'une langue et sa diffusion, laquelle leur avait été soumise sous la forme suivante:

> «Les langues de communication (koiné, lingua franca) ont-elles des propriétés linguistiques (morphologiques, syntaxiques, lexicales) qui les prédisposent à jouer ce rôle indépendamment des aléas de la constitution des états, empires, fédérations ou acquièrent-elles progressivement ces propriétés en accédant à cette fonction?

L'extrême variété des contextes socio-politiques dans lesquels ces langues ont acquis une position prédominante dans un espace géographique plus ou moins étendu défie a priori toute mise en ordre consensuelle des interventions, c'est pourquoi nous conserverons l'ordre adopté pour les communications orales. La communication de Louis-Jean Calvet ouvrait la journée en raison de sa couverture géographique très large et de l'appareil terminologique qu'elle met en place. Suivaient trois communications relatives aux fondements linguistiques et culturels de l'Europe avec

— l'émergence et la stabilisation de la koiné, présentée par Claude Brixhe et René Hodot,
— la thèse de la persistance de l'oralité latine jusqu'au 8e siècle, défendue par Michel Banniard
— et les conditions dans lesquelles certains dialectes romans ont acquis le statut de langue standard, exposées par Eva Buchi et Martin-Dietrich Gleßgen.

L'après-midi était consacré à l'illustration du destin de trois langues de communication extra-européennes,

— celui de l'arabe brossé par Taïeb Baccouche,
— celui du songhaï exposé par Robert Nicolaï,
— et celui du chinois mandarin que Claire Saillard a évoqué dans ses rapports avec le chinois de Canton et celui de Taïwan.

En dépit de la grande variété des contextes, deux types de processus opposés sont évoqués dans la majorité des communications: la «véhicularisation», c'est-à-dire l'accession au statut de langue véhiculaire (dont les

causes se rélèvent d'ordre extra-linguistique pour toutes les langues repré-
sentées) et la «vernacularistation» qui lui fait régulièrement suite, et dont
l'extension dépend elle aussi largement de facteurs extra-linguistiques.
Ainsi le maintien d'une littérature prestigieuse, d'une classe éduquée et de
la structure administrative de l'Empire Romain d'Orient assure la persistance de la koiné grecque sur de nombreux siècles, tandis qu'inversement la
chute de l'Empire Romain d'Occident et celle concomitante de l'alphabétisation favorisent la fragmentation de la Romania. Finalement le seul processus explicitement linguistique qui se dégage de la comparaison de ces
différent destins concerne la simplification (en particulier la régularisation
des systèmes phonologiques et des paradigmes morphologiques) des
langues véhiculaires, simplification remise en cause par la constitution de
nouvelles langues vernaculaires aux structures plus complexes.

Louis-Jean CALVET s'attache dans *Plurilinguisme urbain et véhicularité, action sur le corpus et le statut des langues* aux différentes situations
qui résultent dans les villes de grande migration du contact entre la langue
des citadins et celle des migrants. Il distingue ainsi pour l'Afrique différentes tendances, soit au renforcement de la fonction véhiculaire de la
langue du milieu urbain moyennant des modifications structurales ou au
bilinguisme véhiculaire ou encore à titre transitoire au plurilinguisme véhiculaire. Les migrations influent sur la forme des langues parce que les dialectes, fermés en contexte rural, sont plus ouverts en contexte urbain. Ainsi
le wolof urbain de Dakar subit une simplification du système de ses classes
morphologiques. Les métropoles sont le lieu où s'effectue le «tri urbain»
des langues, la langue véhiculaire jouant un double rôle d'intégration à la
ville des migrants et d'unificateur linguistique. L'auteur, qui considère ces
mécanismes comme caractéristiques du «versant linguistique de la mondialisation» suggère en conclusion une «analyse comparative des modifications formelles que connaissent tous les véhiculaires du monde».

Dans *De l'attique à la koiné,* Claude BRIXHE et René HODOT montrent que l'existence de langues littéraires à bases dialectales diverses
constituait une base favorable à l'acceptation d'une langue commune dans
le monde grec antique. L'attique était une langue phonétiquement et morphologiquement complexe dont la diffusion est due à des circonstances
politiques et culturelles exceptionnelles au lendemain des Guerres
Médiques, Athènes se constituant un empire ionien par sa prédominance
dans la Ligue de Délos. Le langage qu'Aristophane prête dans ses pièces à
des étrangers atteste que la mégalopole d'Athènes a connu l'apparition d'un
pidgin résultant de la convergence entre le dialecte attique simplifé et les
autres dialectes. Ce pidgin a favorisé l'émergence de la koiné. Après quoi
l'attique véhiculaire se répand en particulier en direction de la Macédoine,
mais comme la langue châtiée de la classe dominante. Les impérialismes
macédonien puis romain ayant consacré l'attique véhiculaire comme langue
d'état, celui-ci suit des «directions évolutives simplificatrices». Si «les dialectes néo-grecs supposent la médiation de la koiné», le standard uniforme

de l'écrit littéraire et administratif préserve toutefois pour longtemps l'unité de la koiné.

Michel BANNIARD aborde ensuite dans *Diasystème latinophone et interactions communicationnelles (IIIe-VIIIe s.)* la question du latin «vulgaire», de sa nature sociale et des modalités de sa persistance au-delà de la période communément admise. «Langue villageoise» au «destin communicationel d'exception», le latin s'est répandu avec les légions romaines. En a-t-il résulté, comme cela est généralement admis, une situation de diglossie propice à faire perdre au latin ses propriétés structurales dont témoigne le latin écrit? L'auteur, qui s'inscrit dans une orientation de sociolinguistique diachronique, montre que la latinophonie, généralisée à l'empire au 3e siècle a pu subsister jusqu'au 8e parce que des processus centripètes ont équilibré jusqu'à cette époque la fragmentation de la Romania. Le champ variationnel de la parole constitue un «diasystème» riche de potentialités dont le latin écrit classique ne représente qu'un filtrage prescriptif destiné à mettre en avant la langue de la classe dominante. A partir d'un exemple de Tertullien, dont la rigueur stylistique ne peut pas être mise en cause, M. Banniard montre que la tension énonciative peut déclencher certaines constructions potentiellement disponibles dans un diasystème «protéiforme». L'auteur conclut en insistant sur l'équilibre provisoire et instable que représente le latin parlé classique, lequel contenait en germe les facteurs de sa déstabilisation grammaticale.

L'article d'Eva BUCHI & Martin-Dietrich GLESSGEN, *Variétés locales et suprarégionales dans la genèse des langues romanes standard*, porte pour l'essentiel sur la période suivante, celle de l'émergence des langues romanes «standard». Les auteurs se fondent sur la distinction proposée par Heinz Kloss entre les «langues écart» (structuralement autonomes même en l'absence de culture écrite, par ex. l'albanais, le basque ou le sarde) et les «langues par élaboration» (des dialectes qui acquièrent une importance socio-culturelle par leur présence dans les médias, par ex. le slovaque en concurrence avec le tchèque, le macédonien avec le bulgare). Pour l'histoire du développement différentiel des langues romanes qui sont toutes structuralement apparentées, ce classement permet de mettre en évidence les langues à destin suprarégional qui ont un caractère mixte, les «langues écart pures» qui ont une forte autonomie structurale mais qui ne se sont pas imposées socialement (ex. le sarde, le frioulan, l'occitan, le ladin dolomitique, etc.) et les «langues par élaboration pures» qui bénéficient d'une forte visibilité sociale en dépit de leur faible autonomie structurale.

Etudiant la montée en puissance au Moyen-Âge tardif des futures langues romanes suprarégionales (castillan, portugais, francien, toscan), les auteurs posent la question centrale de la journée: «Peut-on à ce moment déterminer des critères linguistiques internes qui auraient permis à telle ou telle variété de s'imposer dans cette phase discriminatoire de l'histoire des langues?». A partir de trois illustrations qui touchent respectivement le système phonologique du portugais, la morphologie du francien (en concurrence avec l'ancien picard) et la syntaxe du castillan, ils concluent que dans ces trois cas le facteur promotionnel a été d'ordre extra-linguistique.

Dans son exposé consacré à *L'arabe, d'une koïné dialectale à une langue de culture,* Taieb BACCOUCHE dégage les facteurs internes et externes qui ont permis à l'arabe, dialecte de la tribu marchande Quraych, de devenir une grande langue de culture. Contrairement aux autres langues de communication présentées à cette journée, l'auteur reconnaît dans l'arabe parlé par Muhammed des propriétés géolinguistiques (sa position au sein du groupe des langues sémitiques et sa proximité avec le sémitique ancien) et structurales (en particulier la régularité de sa morphologie) qui le prédisposaient à jouer un rôle central dans la constitution de la koïné dont la codification constitue l'arabe classique.

Robert NICOLAÏ a consacré la majeure partie de ses recherches au songhaï, langue de communication de la zone sahelo-saharienne. Dans *Contacts et dynamique(s) du contact: à propos des alliances de langues, des koïné et des processus de leur actualisation,* il aborde cette langue en relation avec le mandé, langue avec laquelle il converge dans le cadre d'un «sprachbund» (alliance de langues). Dans ce contexte, la question première n'est pas celle d'éventuelles propriétés linguistiques qui prédisposeraient les langues à jouer le rôle de langues de communication, mais celle des processus particuliers qui conduisent à l'actualisation de koinés en fonction du contexte sociohistorique et d'une situation linguistique pluridialectale ou plurilingue. Le songhay présente deux blocs différenciés de dialectes: le songhay-zarma est le groupe «endocentré», c'est-à-dire qui n'a pas subi de contamination par contact avec une langue voisine, alors que le songhay véhiculaire est le groupe «exocentré» par alliance avec le mandé. Cette alliance résulte apparemment de son statut: n'étant la langue primaire d'aucune population, il a subi des réductions. L'auteur étudie les propriétés partagées par le songhay et le mandé dans leur aire de convergence en matière de morphologie, syntaxe, d'organisation sémantique et de structuration sémiotique et il cherche pour terminer à expliquer l'ordre S Aux V O du songhaï qui diffère de celui du mandé (S Aux O V), soulignant «l'importance des stratifications conduisant aux états de langue actuel».

Enfin Claire SAILLARD met en évidence, dans *Le chinois mandarin entre véhicularisation et vernacularisation,* trois phénomènes qui permettent de comprendre le va-et-vient évoqué dans son titre. Certaines des propriétés du chinois standard appartenaient au dialecte mandarin de Pékin avant son accession au statut de «véhiculaire national». Mais son assise lexicale et grammaticale a été élargie à partir de l'ensemble des dialectes mandarins. Cependant le chinois standard présente des difficultés d'assimilation pour ses locuteurs originaires d'autres groupes dialectaux. Il en résulte une évolution en trois temps:

— la véhicularisation du dialecte mandarin de Pékin a entraîné des simplifications linguistiques,

— les difficultés d'assimilation ont entraîné la production de variétés régionales par fragmentation du mandarin véhiculaire,

— enfin ces variétés régionales, en devenant la langue primaire de leurs locuteurs, se sont constituées en nouveaux vernaculaires (processus de ver-nacularisation), ce qui a conduit à une «nouvelle complexification des structures de la langue, indépendamment des normes du standard de départ».

Sans doute aurait-il été souhaitable que d'autres langues de grande com-munication puissent être étudiées lors de cette journée, par exemple le malais-indonésien, le français en Afrique et surtout l'anglais qui est soumis à différents processus de vernacularisation en Asie et en Afrique. Cepen-dant les communications rassemblées donnent une image diversifiée des conditions (essentiellement socio-culturelles, sauf peut-être pour l'arabe) d'émergence de langues véhiculaires simplifiées (avec une influence plus ou moins stabilisatrice du standard de la langue écrite, surtout si elle béné-ficie d'un prestige administratif ou culturel) et — après assimilation — du processus inverse de constitution de langues vernaculaires destinées à se complexifier à nouveau.

Jacques FRANÇOIS
Université de Caen

PLURILINGUISME URBAIN ET VÉHICULARITÉ, ACTION SUR LE CORPUS ET LE STATUS DES LANGUES

Résumé

La ville, cible de nombreuses migrations, est du même coup un lieu de brassage de langues impliquant l'émergence d'une forme véhiculaire. Elle est donc un terrain d'observation privilégié pour ce qui concerne à la fois l'évolution des fonctions et de la forme des langues. L'analyse des villes plurilingues nous montre ainsi que, bien souvent, c'est dans les capitales qu'apparaissent les futures langues d'unification du pays. Elle nous permet en même temps de réfléchir sur les phénomènes de régularisation (de «simplification») de ces langues d'unification.

Le thème qui nous réunit aujourd'hui, celui de la véhicularité, n'est pas uniquement un phénomène urbain. Nous savons que les langues véhiculaires apparaissent dans des situations de plurilinguisme qui les rend nécessaires et se diffusent principalement le long de voies de communications, fleuves, pistes, voies maritimes, etc... Mais ces voies de communication relient le plus souvent des villes, ou mènent aux villes, ce qui donne à la linguistique urbaine un statut central dans l'étude de la véhicularité.

Je voudrais donc réfléchir avec vous dans deux directions. La première concerne le rôle que peut jouer le facteur urbain dans la transformation des situations linguistiques. La seconde concerne l'action de la ville sur la transformation ou sur l'évolution de la forme des langues. C'est-à-dire que je voudrais réfléchir sur les effets de l'urbanisation sur le status et sur le corpus des langues.

Je n'aurai pas le temps d'entrer beaucoup dans les détails, mais je voudrais préciser en ouverture deux choses: les études de terrain sur lesquelles je m'appuie, d'une part, et d'autre part mes références théoriques.

Très vite, donc, quelles sont les villes de mon corpus? Il s'agit à la fois de terrains sur lesquels j'ai moi-même enquêté, comme Bamako, Mopti et Gao, au Mali, Niamey au Niger, Dakar et Ziguinchor, au Sénégal, Brazzaville au Congo, Canton en Chine, Paris en France, Kigali au Rwanda et Libreville au Gabon, et des données que j'emprunte à d'autres chercheurs, comme celles concernant Alger et Oran en Algérie, Bangui en Centrafrique, Abidjan en Côte d'Ivoire, Le Caire en Egypte, Agadir au Maroc et Buenos Aires en Argentine (même si je suis allé dans toutes ces villes).

Du côté de mes références théoriques maintenant, mis à part ce que j'ai pu développer dans la présentation de mes propres enquêtes sur les marchés et dans deux ouvrages, *Les voix de la ville*, dans lequel j'utilise largement la sociologie de l'école de Chicago, et *Pour une écologie des langues du monde*, il me faut encore signaler Andersen et Trudgill. La distinction que propose Andersen (1988) entre dialectes «ouverts» et dialectes «fermés», les premiers se développant au centre d'un réseau de communication, les seconds à la périphérie, est en effet directement applicable à la ville et à son territoire. Les dialectes «ouverts», impliqués dans des communications interdialectales nombreuses, sont pour Andersen réceptifs au changement rapide, susceptibles d'évoluer vers des systèmes phonologiques et morphologiques plus simples, leurs locuteurs sont plus sensibles aux normes exogènes, tandis que les dialectes «fermés» sont plus conservateurs et que leurs locuteurs sont plus attachés à leurs normes endogènes. Peter Trudgill (1986) pour sa part propose une notion intéressante pour notre propos, celle de «redistribution» (reallocation). Il entend par là le fait que des variantes dialectales géographiques puissent, en ville, être redistribuées (comme on redistribue des cartes) sous forme de variantes sociales ou stylistiques. Ainsi Anthony Lodge souligne à propos de l'histoire linguistique de Paris que «les grammaires prescriptives n'innovent pas, elles se contentent de redistribuer socialement et stylistiquement des formes déjà existantes».

Je vais donc maintenant tenter de dégager un certain nombre de paramètres généraux que j'organiserai en quatre points:
— La courbe de croissance d'une population urbaine
— La ville et la forme des langues (corpus)
— La ville comme lieu de rencontre de représentations
— La ville et les rapports entre les langues (status)

1. Croissance de la population urbaine, migrations et langues

Tout d'abord, un fait général: c'est essentiellement la migration qui donne à la ville un rôle linguistique, et celle-ci se lit dans les courbes de population. La croissance naturelle d'une population urbaine (c'est-à-dire la balance entre les naissances et les morts) n'a aucun effet sur le statut de la langue et n'a que peu d'effet sur son corpus. En revanche, lorsque des migrations amènent en ville différentes langues ou différentes formes dialectales, alors la gestion de ce plurilinguisme (*in vivo* ou *in vitro*) a des retombées aussi bien sur la forme des langues que sur leurs rapports, et si la ville a un rôle important dans le pays, en particulier s'il s'agit de la capitale, ces retombées peuvent concerner l'ensemble du territoire. En quoi la distinction entre croissance naturelle et croissance dûe à la migration est-elle pour nous pertinente? Je voudrais d'abord illustrer cette distinction en comparant deux courbes de population, celle de Shizuoka, au Japon, et celle de Bangui, en Centrafrique.

Shizuoka

1900	43 928	habitants [1]
1910	56 307	habitants
1920	74 093	habitants
1930	136 481	habitants
1940	212 198	habitants
1950	233 629	habitants
1960	328 819	habitants
1970	416 378	habitants
1980	458 341	habitants

Le premier cas illustre une lente augmentation de la population d'une ville de province, qui connaît une légère migration venant principalement du département et dont la croissance a été ralentie au début des années 1940: en 1940 (un incendie détruit 5200 maisons), en 1944 (un séisme fait 4000 morts) et en 1945 (des bombardements ravagent la ville).

Bangui (Centrafrique)

1907	800	habitants
1910	1 040	habitants
1913	3 470	habitants
1924	19 000	habitants
1939	42 000	habitants
1949	42 000	habitants
1959	60 000	habitants
1962	75 000	habitants
1982	347 000	habitants
1992	554 546	habitants

Dans le cas de Bangui, la courbe connaît une brusque montée après l'indépendance (1959) qui témoigne à la fois de l'afflux de population des campagnes vers les villes, mais aussi de l'arrivée de milliers de musulmans (Tchadiens, Hawsas, Peuls), venant avec leurs langues ou leurs dialectes, dont les enfants apprennent rapidement le sango, langue d'intégration à la

---

1. Mami Yamamoto, *Les mécanismes d'expansion linguistique: étude sociolinguistique sur le cas du japonais commun à Shizuoka*, thèse de doctorat, Université René Descartes, Paris, 2000

ville. Jusque-là langue véhiculaire du fleuve, elle deviendra ainsi le véhiculaire urbain et, par la suite, la seconde langue officielle du pays aux côtés
du français dont l'usage baisse de plus en plus.

La différence entre ces deux courbes, qui saute aux yeux, est pour nous
fondamentale. Le phénomène qui se produit à Bangui au début des années
1960 est en effet un indicateur de mutation brutale (apport de population
extérieure) qui n'a pas seulement valeur démographique mais aussi valeur
linguistique: encore une fois, les migrants viennent en ville avec leurs
langues ou leurs dialectes.

Nous pouvons observer un phénomène comparable entre 1917 et 1984 à
Brazzaville (Congo), où la courbe s'emballe en 1962, encore une fois au
moment de l'indépendance:

1917	10 000 habitants
1930	30 000 habitants
1945	45 000 habitants
1955	92 520 habitants
1962	150 000 habitants
1974	321 000 habitants
1984	585 812 habitants

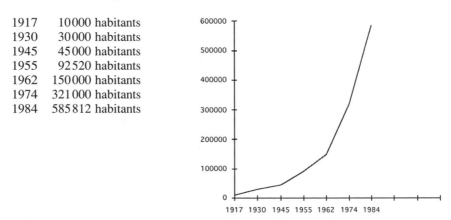

Nous l'observons également à Niamey (Niger), où la courbe s'emballe
au milieu des années 1960:

1908	2 887 habitants
1931	2 168 habitants
1941	4 895 habitants
1950	12 000 habitants
1953	15 000 habitants
1960	34 500 habitants
1967	57 000 habitants
1975	195 874 habitants
1977	225 314 habitants

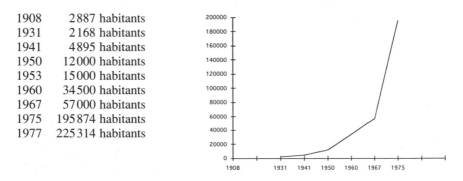

Un autre exemple nous est fourni par la ville de Buenos Aires, en Argentine. Si nous considérons cette courbe qui va de 1810 à 1887

1810	4 000 habitants.
1820	51 000 habitants
1836	62 000 habitants
1852	85 000 habitants
1862	128 000 habitants
1880	286 000 habitants
1887	433 000 habitants

nous voyons ici encore à la brusque montée de la courbe à partir de 1862, que nous n'avons pas affaire à un accroissement naturel mais à un phénomène de migration dont l'origine pourrait être interne, provenant de l'intérieur du pays, ou externe. C'est ici le cas puisqu'en 1887, là où s'arrête la courbe, 47,7% de la population de la ville est d'origine argentine.

Nous avons donc là un indicateur généralisable nous permettant par la lecture des courbes de croissance des populations urbaines de savoir si une ville est la cible de migrations ou si sa croissance est simplement «naturelle». La différence entre ces deux types de courbes, aisément repétable, nous indique donc quand il peut y avoir matière à analyse linguistique. L'analyse des différentes courbes de croissance de populations urbaines nous donne donc un indicateur indiscutable et précis.

2. La ville et la forme des langues (corpus)

Je voudrais maintenant m'interroger sur le point de savoir si ces migrations vers la ville ont des retombées sur la forme des langues. Nous retrouvons ici l'idée d'Andersen et de dialectes «ouverts»: les formes urbaines sont moins conservatrices que les formes rurales, et de nombreux exemples en témoignent. Le cas le mieux étudié est celui du wolof urbain à Dakar, auquel Ndiassé Thiam a consacré de nombreux articles. Il montre de façon indiscutable que le système des classes du wolof tend à disparaître à Dakar, et que cette réorganisation de la syntaxe, ajoutée aux emprunts nombreux au français, fait qu'il y a aujourd'hui un *wolof urbain*, nettement différent du *wolof rural*. Nous pourrions aussi évoquer le sango véhiculaire de Bangui,celui du munukutuba au Congo ou la naissance de l'espagnol porteño à Buenos Aires. Je vais évoquer rapidement ici une étude de cas marocaine.

Ahmed Boukous a étudié la situation de l'amazighe en milieu urbain en comparant le parler de 50 enfants de 6 à 16 ans dont trente vivent en ville (Agadir) et 20 à la campagne. Pour ce qui concerne le lexique, les résultats sont sans appel. Pour les numéraux par exemple, au delà du chiffre 3, les enfants urbains utilisent massivement les chiffres arabes en parlant berbère. Pour les parties du corps (tête, bouche, dos, langue, talon, etc…) ou pour les noms des couleurs la moitié seulement des urbains utilise le mot berbère contre 100% pour les ruraux. Il en va de même dans le domaine de la morphologie, ou pour la phonologie. Boukous conclut que «les enfants citadins ont un degré de maîtrise de leur langue maternelle inférieur à celui des ruraux» et parle de «l'impact négatif de l'urbanisation sur la maîtrise de l'amazighe par les enfants», se demandant s'il n'y a pas là des indices de la disparition à terme de cette langue. Mon point de vue, peut-être moins normatif, est que nous assistons là à la naissance d'une forme urbaine dont les nouveautés sont plus larges que dans ce qu'on a appelé la relexification (du quechua par l'espagnol en Bolivie par exemple) puisqu'elles touchent aussi la morphologie, la phonologie, etc… En ce sens, peut-être un berbère d'Agadir est-il en train de prendre forme, de la même façon que, dans un autre contexte, un arabe de France est peut-être en train de voir le jour dans les grandes villes de l'hexagone.

Et nous trouvons là ce que j'appellerai la fonction intégrative à la ville de certaines langues ou de certaines formes linguistiques. J'entends ici par intégration le processus qui fait accepter un élément par un ensemble auquel il est extérieur. Le migrant arrivant en ville avec sa langue est confronté à une désintégration de ses appartenances, à une perte de ses repères, et il va d'abord le plus souvent s'intégrer à un sous-groupe, une sorte de «village» dans la ville que constituent les migrants de même provenance que la sienne. Pour sortir de ce «ghetto» culturel et linguistique, pour s'intégrer à l'espace plus vaste de la ville, pour y chercher du travail, etc., il va lui falloir acquérir la langue dominante qui joue un rôle central dans ce que Simmel appelait *Vergesellschaftung*, «entrée en relation sociale" (Grafmeyer 1994: 89). Mais il a en même temps une action sur cette langue d'intégration, il est pas seulement un «apprenant» ou un «acquéreur» neutre. Les études de linguistique urbaine nous montrent que cette action se manifeste par ce que certains appellent une *simplification* et que je préfère pour ma part nommer *régularisation*. C'est en ville que les langues évoluent le plus, s'enrichissent d'apports extérieurs, c'est dans les villes que les dialectes «ouverts» se modifient sous l'influence des formes parlées par les migrants mais aussi, de façon homéostatique, sous l'influence des langues elles-mêmes, je veux dire sous une influence interne.

3. La ville comme lieu de rencontre de représentations

Dans un immeuble, dans une cité, dans un quartier, dans une ville, le voisinage et la cohabitation produisent des phénomènes de tension qui se manifestent à propos de différents problèmes (le bruit, la propreté, les jeux des enfants, etc….) dont chacun constitue un révélateur de soi et de l'autre.

Comme l'écrit Grafmeyer, «le discours sur le bruit apparaît ainsi comme une manière de parler des autres, et aussi comme une manière de parler de soi» (1994: 95). Parler des autres à propos du bruit qu'ils font, de la saleté qu'ils manifestent, de l'odeur de leur cuisine, de la façon dont ils s'habillent, etc., c'est bien sûr produire des stéréotypes, des représentations, c'est les enfermer dans une image que l'on a d'eux. Et il en va de même pour les langues qu'ils parlent.

Le brassage ou la coexistence des langues ou des formes linguistiques propre aux situations urbaines sont en effet générateurs de représentations linguistiques qui viennent renforcer les représentations sociales et ont des retombées sur les types de contacts entre les populations et les langues. On peut bien sûr avoir des représentations sur des groupes que l'on ne connnaît pas, que l'on n'a jamais rencontrés, mais la cohabitation renforce ce phénomène et l'exacerbe.

Un bon exemple de ces représentations nous est fourni par la situation chinoise, que j'ai étudiée à partir de la ville de Canton. La pluralité des langues han a en effet produit, par interférence phonétique, des accents locaux en putonghua («mandarin») qui ont généré de nombreux stéréotypes. On considère par exemple que l'accent du Hunan est «dur», que celui de Shanghai est «mou», «féminin», que les gens du Sichuan parlent «lentement», on se moque des gens du Hubei qui confondent dans leur prononciation les mots *xiezi* («chaussures») et *haizi* («enfants»), des gens du Shantong qui confondent les mots *you* («huile») et *rou* («viande»), etc... Dans cet ensemble de stéréotypes, le cantonais a une place toute particulière. L'accent cantonais en putonghua est très reconnaissable et les gens du Nord s'amusent très souvent à l'imiter ou à raconter des histoires drôles qui le ridiculisent. Les Cantonais ont par exemple tendance à confondre les phonèmes /s/ /x/ et /ch/, prononçant de la même façon *shan* («montagne», en cantonais *saan*) et *san* («trois», en cantonais *saam*), *si* («quatre», en cantonais *say*) et *shi* («dix», en cantonais *sup*), d'où des blagues attendues mettant en scène une personne qui veut acheter du yoghourt (*suan nai*) et se voit vendre du lait frais (*xian nai*). Ils confondent aussi, pour les mêmes raisons phonétiques, les prépositions *shang* («au dessus», qu'ils prononcent *xiang*) et *xia* («au dessous»), ce qui donne lieu à d'autres blagues dans lesquelles un Cantonais veut réserver dans un train une couchette supérieure et se voit attribuer une couchette inférieure, etc... D'une façon générale le Cantonais est considéré comme un *nan man zi*, un «barbare du Sud», son accent est moqué, comparé au piaillement des oiseaux, en bref il ne constitue pas un modèle positif, et son parler connote pour les gens du Nord un caractère «commerçant», il est le parler de «ceux qui savent faire de l'argent». A l'inverse, les gens du Sud considèrent la prononciation du Nord comme «prétentieuse», «bavarde». Les choses en fait sont plus ambigües car les Cantonais manifestent leur insécurité linguistique à la fois par hypercorrection et par imitation des Pékinois. Ainsi ils ont tendance à mettre des /ch/ là où il n'en faut pas, prononçant par exemple *shan* («montagne») pour *san* («trois»), ce qui alimente les moqueries, mais ils tentent également d'adopter un trait typiquement pékinois, ajoutant un /r/ rétroflexe à la fin de certains mots, souvent là où les Pékinois n'en mettent pas: *huaer* pour *hua* («fleur»), *minger* pour *ming tian* («demain»), etc..., ce qui les «dénonce» encore plus comme Cantonais et fait rire à leurs dépens.

Mais cette situation est en train de changer, pour des raisons qui concernent deux villes, Canton et Hong Kong, et l'image que l'on a d'elles au Nord du pays. La vogue du cinéma, de la mode vestimentaire et de la chanson de Hong Kong, où l'on parle cantonais, a popularisé chez les jeunes Chinois cette île et son parler, sa puissance commerciale dans un pays qui s'achemine vers le capitalisme lui confère un prestige certain, et Canton est assimilé à son voisin. Les hommes d'affaires du Nord apprennent aujourd'hui le cantonais dans des écoles privées dont la publicité proclame «si tu veux gagner de l'argent, va dans le Guangdong mais d'abord apprend le cantonais». De nombreuses offres d'emploi demandent la connaissance du cantonais. C'est ainsi que lentement les «barbares du sud», les *nan man zi*, sont également appelés *lao Guang*, «vieux du Guangdong», avec des connotations plus positives, ceux qui savent gagner de l'argent, ceux qui suivent la mode, etc...

Il y a donc eu une ré-évaluation du cantonais qui, face à la norme officielle et l'accent du Nord, est en train d'acquérir une certaine légitimité. Dès lors que les gens du Nord venant faire des affaires dans le Sud essaient de parler le cantonais, les Cantonais eux-mêmes sont plus fiers de leur langue: un changement dans les représentations entraîne un changement dans les pratiques.

Le cas de la capitale de l'Égypte, le Caire, nous servira de second exemple. Nous y trouvons tout d'abord la confirmation de l'importance du paramètre «croissance de la population». Après l'épidémie de peste de 1835, on constate un bond démographique important dans la seconde moitié du XIXe siècle: 254 000 habitants en 1846, avec 37% de la population adulte y vivant depuis moins de 25 ans, 300 000 en 1865, 670 000 habitants en 1907 avec 25,7% des gens nés ailleurs qu'au Caire, 800 000 en 1917, 12 millions aujourd'hui. Et l'on peut suivre au cours de l'histoire la suite de cet afflux de migrants soit avec la courbe de population soit avec le pourcentage de population «née ailleurs»: toujours pour le Caire, 35,7% en 1960, 26,8% en 1976 puis, plus récemment, la courbe s'infléchit (19,5% en 1986).

Les migrants s'installant au Caire viennent à parts à peu près égales du delta du Nil et de Haute-Egypte. Nous sommes donc confrontés à la coexistence de parlers présentant des différences dialectales marquées. Le parler du Caire, dialecte prestigieux dans le monde arabe, toujours décrit comme «homogène» se différencie de celui de moyenne Egypte par des traits phonologiques, comme par exemple le traitement du qaf et du jim:

	Hte Egypte	Caire
qaf	galb	'alb
jim	jamil	gamil

Le parler du Caire possède en outre quelques traits spécifiques, comme un -*it* final pour la 3e personne du singulier féminin des verbes: *ramit* (au Caire) vs *ramat* ailleurs.

Mais le problème n'est pas seulement phonétique. Le parler «sa'idi» a des caractéristiques morphologiques, lexicales et syntaxiques qui rendent difficile la compréhension immédiate entre les deux dialectes. Il faut ajouter à cela un certain nombre de représentations croisées entre les deux communautés, associées à ces différences dialectales. Les «sai'idi», migrants de Haute Egypte, sont perçus au Caire comme ne s'intégrant pas, comme terroristes, islamistes, conservateurs. De nombreux stéréotypes courent sur eux, des blagues et des caricatures, à la télévision, fondées sur leur parler, en particulier leur phonologie… A l'inverse, les gens de Haute Egypte tiennent à se distinguer des Cairotes qu'ils considèrent comme occidentalisés, abâtardis… Sur le plan linguistique, Catherine Miller (1997) signale que le parler du Caire est considéré comme «élégant et doux», les dialectes de Haute-Egypte étant «rudes et secs»… Nous comprenons alors que les «sai'idi» ont une tendance forte au regroupement familial, voire villageois, à une implantation géographique de type «tribal», dans une même rue, parfois dans le même immeuble, une tendance à travailler ensemble, à marier leurs filles à des hommes venus eux aussi de Haute Egypte, etc.

Le résultat de cette grégarité est que dans la première génération de migrants les classes populaires gardent leur dialecte, mais que la génération suivante s'intègre à la ville et que cette intégration passe par une conformité linguistique. La ville joue donc ici un rôle d'unificateur linguistique, mais il reste à savoir si les migrants, en adoptant le parler de la capitale, ne le transforment pas. Quelles traces les dialectes laissent-ils dans l'arabe du Caire? Et de façon plus générale, quelle est l'influence des migrations sur la situation linguistique de la ville? Et quelle est en retour l'influence de ces migrations sur la situation linguistique de la région d'origine des migrants?

On voit que, par *influence*, il faut entendre ici deux choses:

— Une action sur la forme des langues, dont nous avons traité plus haut.

— Une action sur la fonction des langues, en particulier le problème de savoir si l'urbanisation participe à l'unification linguistique du pays par le biais de la véhicularisation. C'est ce point que je voudrais maintenant aborder pour finir.

4. La ville et les rapports entre les langues (status)

Quelle est la gestion du plurilinguisme produite par la migration urbaine? Les différentes enquêtes quantitatives réalisées dans les grandes villes plurilingues sur les marchés, qui sont en la matière les meilleurs indicateurs, nous montrent partout une tendance à l'émergence de langues véhiculaires. Je ne vais pas ici reprendre les différentes enquêtes que j'ai menées ou initiées (voir *Les langues des marchés en Afrique*) et me contenterai de souligner des tendances. Nous distinguons en effet dans les diverses situations étudiées, ici essentiellement africaine, et qui toutes se caractérisent par un fort plurilinguisme (plus de vingt langues premières), trois tendances:

1) Une tendance au monolinguisme véhiculaire, comme à Bamako avec le bambara, à Bangui avec le sango ou à Dakar avec le wolof. Le cas du wolof urbain de Dakar nous montre en outre que cette véhicularisation s'accompagne de transformations formelles. C'est-à-dire que l'effet linguistique de la ville est double: renforcement de la fonction véhiculaire d'une langue et modification de sa forme.
2) Une tendance au bilinguisme véhiculaire, comme à Brazzaville avec le lingala et le munukutuba, ou à Niamey avec le songhay et le hausa.
3) Une tendance, plus rare, au plurilinguisme véhiculaire, comme à Ziguinchor, en Casamance avec le diola, le peul, le wolof, le manding, et le créole, mais on peut considérer que cette situation constitue une transition vers une situation véhiculaire moins plurilingue, que certaines de ces langues vont s'effacer dans leur statut sinon dans leur existence.

Dans la grande majorité des cas, les véhiculaires sont endogènes: le français est peu présent sur les marchés de l'Afrique francophone (à l'exception de Libreville, au Gabon).

Se pose alors une question centrale: dans quelle mesure la situation linguistique d'une ville a-t-elle un effet sur celle du pays? Quel est le rôle de la capitale dans l'évolution linguistique du pays? Ceci me mène à une comparaison qui pourrait être intéressante. Lorsque l'on tente de faire une typologie des politiques linguistiques, d'un point de vue politologique donc, on distingue souvent entre action sur la langue, c'est-à-dire sur le corpus, et action sur les langues, c'est-à-dire sur les rapports entre les langues, sur leur statut. De ce point de vue, nous pourrions considérer la ville comme un acteur de la politique linguistique, puisque la ville, ou plutôt le processus d'urbanisation, intervient sur les situations. On me rétorquera qu'une politique linguistique a pour caractéristique d'être volontaire, mais cela n'est pas toujours vrai. J'avais avancé il y a quelques années, à propos du Mali, l'idée d'une planification par défaut, le «laisser faire» constituant un choix comme un autre et dans ce cas le choix de laisser le bambara s'installer comme langue dominante. Or il y a peu de politiques linguistiques urbaines conscientes (nous pouvons évoquer le cas de Bruxelles, ville officiellement bilingue, ou celui de Singapour, ville-État officiellement multilingue) et plus nombreuses sont les villes dans lesquelles c'est la pratique sociale des locuteurs qui dessine l'avenir linguistique de la ville et souvent du pays. La ville serait donc *un élément important de la politique linguistique in vivo*. En ce sens elle est plus qu'un indicateur des tendances évolutives d'un pays, elle est un *acteur* de cette évolution, ou si l'on préfère un lieu d'action privilégié. Robert Park, l'une des figures centrales de l'école de Chicago, écrivait en 1929: «La métropole est en quelque sorte un gigantesque mécanisme de tri et de filtrage qui (…) sélectionne infailliblement dans l'ensemble de la population les individus les mieux à même de vivre dans un secteur particulier et un milieu particulier»[2]. Nous pourrions démarquer ce passage en remplaçant simplement *population* et *individus* par *langues*, ce qui donnerait:

La métropole est en quelque sorte un gigantesque mécanisme de tri et de filtrage qui (…) sélectionne infailliblement dans l'ensemble des langues celles qui sont les mieux à même de vivre dans un secteur particulier et un milieu particulier.

Ne voyez pas ici une métaphore biologique éculée sur la vie des langues. Nous savons que les langues n'existent que par les gens qui les parlent, qu'elles ne sont que des pratiques, mais les pratiques langagières sont précisément filtrées, triées, orientées par le milieu urbain. Ce mécanisme de *tri urbain*, qu'Yves Grafmeyer définit comme «une variante particulière des régulations que les échanges marchands instaurent entre des agents placés en situation de concurrence pour l'usage de biens socialement valorisés»[3], est donc ce qui définit le mieux l'action de la ville sur les situations linguistiques: elle pousse à faire le tri, à promouvoir certaines langues en fonction véhiculaire, à en limiter d'autres aux fonctions grégaires, voire à les abandonner.

Ces langues véhiculaires jouent dans un premier temps un rôle d'intégration à la ville. Les migrants, après le stade du «village dans la ville», selon la formule de l'école de Chicago, qui se caractérise aussi linguistiquement («des langues villageoises dans la ville» pourrions-nous dire, ou des «dialectes fermés» coexistant avec un «dialecte ouvert»), vont lentement parcourir un cycle d'intégration urbaine que les sociologues ont bien décrit et qui se double d'un processus linguistique auquel ces sociologues ne se sont pas intéressés. La socialisation, en une ou deux générations, se manifeste aussi par l'acquisition de la langue dominante, langue d'intégration, donc, avec conservation ou non de la langue d'origine.

Mais ces langues véhiculaires jouent, dans les pays neufs, un autre rôle, celui d'unificateur linguistique. J'ai écrit quelque part que la ville fonctionnait comme une pompe, aspirant du plurilinguisme et recrachant du monolinguistique. Cette image me semble parlante: la ville est un acteur important de la politique linguistique *in vivo*, et l'analyse des différents facteurs que l'on y discerne et des différents effets qu'elle produit relève donc de ce

---

2. «La ville comme laboratoire social», 1929, cité par Yves Grafmeyer, *Sociologie urbaine*, Paris, Nathan 1994

3. op.cit. page 51

que j'appelle la *politologie linguistique*, c'est-à-dire la science des pratiques que constituent les différentes politiques linguistiques.

Résumons-nous.

Nous avons dans un premier temps dégagé un profil moyen de la courbe de croissance de la population d'une ville cible de migrations. Les migrants transportant avec eux leurs dialectes ou leurs langues, nous avons ensuite exploré les effets de la ville plurilingue sur la forme de ces langues, sur les représentations linguistiques et sur la fonction de ces mêmes langues. Et ceci nous a mené à considérer la ville comme un acteur de la politique linguistique in vivo.

Je voudrais pour terminer tenter d'élargir mon point de vue. Il y a actuellement, selon les chiffres du Summer Institute of Linguistics, 67O3 langues vivantes dans le monde. Mais ces langues sont assez inégalement réparties: 1000 langues sont parlées dans les Amériques, 2011 en Afrique, 225 en Europe, 2165 en Asie et 1302 dans le Pacifique.

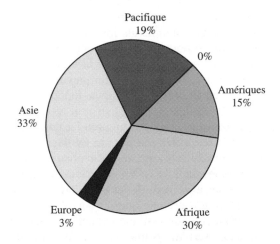

Or cette répartition très contrastée n'est liée ni à la superficie de ces entités géographiques ni à leur nombre d'habitants. L' Afrique (environ trente millions de 4 km²) est moins étendue que les Amériques (quarante deux millions de 4 km²) mais a deux fois plus de langues, l'Asie avec plus de deux milliards d'habitants a à peu près autant de langues que l'Afrique qui a cinq fois moins d'habitants, et si l'Europe est le plus petit des continents elle a (avec la fédération de Russie) un milliard d'habitants, la moitié de l'Asie, deux fois plus que l'Afrique, mais on n'y parle que 3% des langues du monde.

Pourquoi parle-t-on si peu de langues en Europe? Le seul paramètre qui puisse expliquer cette répartition contrastée est donc l'existence en Europe d'États anciens et très urbanisés dont les politiques linguistiques ont été centralisatrices. De ce point de vue nous pouvons avancer une hypothèse prédictive: si la ville et les pays fortement urbanisés sont «linguisticides», les continents les plus dotés en langues verront leur nombre diminuer au fur et à mesure qu'ils s'urbaniseront et que leurs États se solidifieront. Si les pays africains, asiatiques et latino-américains tendent à s'urbaniser sur le même modèle, nous pouvons donc supposer qu'ils tendront vers le même type de situation linguistique. Mais, en même temps, la ville crée des langues. Dans les capitales de l'Afrique francophone par exemple nous pouvons percevoir les prémisses de l'apparition de nouvelles formes de français, français de Libreville, d'Abidjan ou de Dakar qui peut-être demain seront du français gabonais, ivoirien ou sénégalais, voir du gabonais, de l'ivoirien, du sénégalais. Et ces deux propositions apparemment contradictoires dessinent peut-être les contours de l'avenir linguistique du monde: une tendance à n'avoir qu'une langue par pays. Ceci nous mène, *in fine*, à une réflexion sur les retombées linguistiques de la mondialisation. On ne songe en la matière qu'aux progrès de l'anglais, pour s'en plaindre ou pour s'y conformer. Mais le versant linguistique de la mondialisation est beaucoup plus complexe. J'ai tenté de le représenter à l'aide d'un modèle «gravitationnel» qui, partant du principe que les langues sont reliées entre elles par des bilingues, et que les systèmes de bilinguismes sont orientés, propose une organisation en quatre strates: une langue hypercentrale, l'anglais, autour de laquelle gravitent une dizaine de langues supercentrales, espagnol, chinois, français, hindi, etc…, autour desquelles gravitent entre cent et deux cents langues centrales pivots à leur tour de la gravitation de milliers de langues périphériques. J'ai dit *entre cent et deux cents langues centrales*: or il y a actuellement dans le monde un peu moins de deux cents États, et peut-être pouvons-nous risquer l'hypothèse que le nombre de langues tendra dans un premier temps vers celui des États…

Bien sûr, cela n'est pas pour demain, et je pourrais en outre m'adresser à moi-même un certain nombre de critiques:

D'une part, s'il est probable qu'au cours du XXIe siècle plus de la moitié des langues du monde vont disparaître, ce qui confirme mon hypothèse à long terme, d'autres langues vont sans doute apparaître, comme je l'ai suggéré à propos des français d'Afrique. Mais rien ne prouve que les futures langues étatiques que j'imagine existent aujourd'hui: elles peuvent précisément naître du phénomène urbain.

D'autre part, rien ne prouve que l'évolution des pays émergents, leur urbanisation, suive la même voie que les vieux États européens.

Enfin, l'histoire n'est pas un phénomène aveugle, irréversible, et il ne faudrait pas négliger le facteur humain. C'est l'homme qui fait l'histoire, et il peut parfois faire preuve d'imagination. Mais il peut aussi être un facteur de destruction, et une catastrophe écologique ou militaire pourrait faire disparaître les grandes villes et relancer l'histoire des peuples et des langues vers un éclatement en milliers d'entités.

Mais si l'urbanisation de la planète se poursuit dans la dynamique actuelle, et je parle ici de tendances à long terme, il semble que nous allions vers un modèle à trois niveaux, une langue de communication internationale, aujourd'hui l'anglais mais demain peut-être une toute autre langue, des langues nationales venues le plus souvent de la capitale, creuset d'une politique linguistique *in vivo*, «melting pot linguistique» pour conserver le parallélisme avec la sociologie urbaine, et des traces de langues identitaires, formes régionales d'une langue nationale ou langues autres...

Nous pouvons donc imaginer que la tendance historique sera à limiter la diversité linguistique, à l'aligner sur la diversité politique, le vieux modèle idéologique jacobin, «à une république une et indivisible il faut une langue une et indivisible» devenant lentement la norme: un État, une capitale, une langue venue de cette capitale... Faut-il en pleurer ou en rire? Ni l'un ni l'autre, bien sûr. Nous ne sommes pas ici en train de faire de la morale, mais en train de nous demander si la science peut être prédictive, si l'analyse des tendances actuelles peut nous permettre d'imaginer l'avenir.

Une autre question concerne ce que j'ai appelé tout à l'heure *régularisation* et que d'autres appellent *simplification* des formes véhiculaires. Je voudrais en conclusion émettre quelques suggestions sur ce point. L'idée ancienne que les langues connaissaient une évolution générale de formes isolantes vers des formes flexionnelles a été largement critiquée. Les travaux d'Haudricourt sur l'origine des tons en vietnamien et sur la reconstruction du chinois archaïque nous permettent en outre de postuler que, contrairement à ce que certains ont pu dire, les langues à tons n'ont pas toujours eu des tons. C'est-à-dire que si les langues changent sans cesse, et si la fonction véhiculaire accélère et amplifie ce changement, il n'est pas du tout évident que ce changement aille toujours dans le sens d'une «simplification» (même si nous savons que cette notion est très relative): des langues peuvent perdre leurs tons, ou perdre leurs classes nominales, comme nous l'avons vu dans le cas du wolof urbain, mais elles peuvent aussi se donner un système tonal...

A l'heure où l'on parle beaucoup d'origine des langues, de protolangage ou de langue originelle (Dereck Bickerton, Merritt Ruhlen...), il serait ici intéressant de se lancer dans une analyse comparative des modifications formelles que connaissent tous les véhiculaires du monde. Si nous parvenions à faire ce travail, à établir une typologie, peut-être aurions-nous sur ce point des éléments plus solides pour aborder cette question.

Abstract

The galloping urbanization process taking place in most Third World towns is of especial interest to the linguist, because the migration of country people towards the towns brings together an increasing number of different languages, forming a multilingual urban platform. "In vivo" management of this multilingualism affects

DE L'ATTIQUE À LA KOINÉ

Résumé

Le monde grec préparé à l'acceptation d'une langue commune par l'existence de langues littéraires à bases dialectales diverses. — Succès de l'attique non dû à sa simplicité, mais à des circonstances politiques (et culturelles) exceptionnelles au lendemain des Guerres Médiques. — Athènes, mégalopole, l'un des creusets de la koiné aux Ve et IVe s.: apparition d'un pidgin; simplification du dialecte attique et convergences avec les autres dialectes. — Expansion de l'attique à l'extérieur, notamment en Macédoine. — L'impérialisme athénien relayé par les impérialismes macédonien et romain. — L'attique, langue véhiculaire de Grecs et de non-Grecs: sa simplification. — Recomplexification, quand il se vernacularise.

1. La Grèce prête à accueillir une langue commune

Quand, autour de 800 a.C., l'Hellade sort des «Dark Ages», à l'aube de l'époque archaïque, elle constitue depuis de longs siècles une communauté de civilisation et de langue, qui avait permis, dans le troisième quart du second millénaire, l'essor des royaumes mycéniens, en Grèce propre et en Crète, et l'établissement de premiers liens autour du bassin de la Méditerranée (avec l'Asie Mineure, le Moyen Orient et Chypre, mais aussi vers l'Ouest avec l'Italie ou la Sardaigne). L'administration des palais avait été l'occasion d'une première expérience de langue écrite relativement unitaire, constituant une première forme de koiné, connue sous le nom de «mycénien». Les documents écrits en linéaire B masquaient ainsi des différences dialectales[1]: par exemple, le mycénien connaissait une évolution *ti* > *si*, à laquelle une vaste zone reste étrangère à l'époque alphabétique[2].

Selon une thèse souvent répétée, la période qui court de la fin des palais (vers 1200) à l'émergence de la cité (VIIIe siècle) mérite le qualificatif d'«obscure», non seulement parce qu'on la connaît mal, mais aussi parce que la vie des hommes y était particulièrement sombre. Or les recherches archéologiques menées pendant les vingt-cinq dernières années montrent à l'évidence que bien des sites ont eu une histoire plus riche qu'on ne le

---

1. En plus des différences d'ordre sociolinguistique.
2. Pour d'autres variations régionales possibles, voir Cl. Brixhe, *Phonétique et phonologie du grec ancien*, Louvain-la-Neuve 1996, 92 (liste).

pensait[3]. Si l'écriture disparaît[4], l'hiatus avant l'invention de l'alphabet fut sans doute beaucoup plus court qu'on ne le pense: les scribes porteurs du linéaire B ne disparaissent pas tous après 1200 et la création de l'alphabet est probablement bien antérieure aux premiers documents attestés (vers 750), pouvant remonter au moins au début du millénaire. Quoi qu'il en soit, l'élimination des structures palatiales et du standard qu'elles soutenaient et le relatif isolement de certaines communautés — même s'il fut plus bref qu'on ne l'imagine généralement — ont dû accentuer les différenciations linguistiques locales: quand l'écriture réapparaît, on constate un morcellement dialectal[5].

1.1. L'éclatement du monde grec ne doit pourtant pas être exagéré. Ainsi, pour l'alphabet qui vient de pénétrer dans les terres grecques: c'est bien fondamentalement le même système d'écriture qu'adoptent toutes les cités; les différences de détail d'une région à l'autre ont peu d'importance par rapport au facteur d'unité qu'il représente. Et, au même moment, l'Hellade montre d'autres facteurs d'unité, à travers les manifestations d'autocélébration que représentent la création des Jeux Olympiques, rassemblement panhellénique dont le comput remonte à 776, et la mise en forme des grands poèmes épiques (spécialement homériques) avec leur langue composite qui emprunte à plusieurs dialectes et crée des formes qui ne sont vernaculaires d'aucune région.

C'est encore l'époque où la colonisation reprend: si elle est source de concurrence entre cités, elle est aussi l'occasion de manifester le sentiment d'appartenance communautaire (par opposition aux non-Grecs), voire une réelle solidarité (certains établissements seront fondés en commun, comme Naucratis en Egypte au VIIe siècle ou Thourioi plus tard en Italie du Sud).

Dans ces divers aspects des relations entre Grecs, l'existence de dialectes différents ne paraît pas avoir été un obstacle, ni l'absence d'un standard commun une question qu'on se serait posée (Morpurgo 1987). On s'accommode; on *accommode*, au sens optique du terme. La «langue homérique» fournissait un modèle de fonctionnement qui se retrouve, transposé, dans la

---

3. Voir la bonne synthèse récente de P. Carlier, «Observations sur l'histoire de la Grèce égéenne au début de l'âge du fer», *Magna Grecia e Oriente Mediterraneo prima dell'età ellenistica* (Atti del trentanovesimo convegno di studi sulla Magna Grecia), Tarente 2000, 39-60.

4. Sauf à Chypre, où un syllabaire survit jusqu'à l'époque hellénistique: premier document attesté au XIe siècle, O. Masson, *Inscriptions chypriotes syllabiques*[2], Paris 1983, 408, n° 18g.

5. Ces dialectes sont en partie hérités (c'est-à-dire qu'ils correspondent à des divisions déjà existantes à l'époque mycénienne), mais pour une bonne part ils doivent résulter des différents contacts, au gré des migrations, entre populations hellénophones de provenances diverses et entre Grecs et non-Grecs. Pas plus que dans toute autre aire linguistique, les dialectes grecs n'ont jamais été des entités fixes. Ed. Will, *Historica Graeco-Hellenistica*, Paris 1998, 562 [= «Tablettes de Locres», *Revue historique* 1974], mettait ainsi «la complexité dialectale de Locres» en relation avec le «milieu assez mêlé» que constitue sa population (Locriens de Grèce + éléments laconiens, béotiens, éoliens, crétois).

majeure partie de la littérature grecque, par la liaison entre tel genre littéraire et tel dialecte, qui est alors employé sous une forme standardisée, «délocalisée»: Pindare, Béotien de naissance, compose ses odes triomphales dans un dorien aussi conventionnel que celui des choeurs de la tragédie attique; Hérodote définit quatre variétés d'ionien, mais, pour autant qu'on sache (on ne retrouve pas les variétés en question dans les textes épigraphiques des cités en cause), ses *Histoires* sont écrites dans un ionien neutre, une koiné régionale; Hippocrate, né à Cos en pays dorien, est à l'origine d'un vaste corpus d'écrits médicaux qui utilisent l'ionien d'Hérodote. Dans sa prose attique même, l'historien Thucydide introduit des éléments ioniens[6]. Quant aux milliers de courts poèmes que nous fournissent les inscriptions dans toutes les parts du monde grec, lorsqu'ils ne sont pas composés en langue homérique, ils ont recours «à une forme purifiée de dialecte local, d'où sont exclus les traits les plus spécifiquement locaux»[7]. Ces pratiques des langues littéraires devaient familiariser le public grec avec l'usage de formes étrangères à son idiome vernaculaire et le prédisposer au switching dialectal et, finalement, à l'adoption d'une langue «commune».

2. Pourquoi l'attique?

Celle-ci va émerger au lendemain des Guerres Médiques, sous la forme de l'attique. Pourquoi l'attique?

2.1. L'attique est un dialecte grec parmi d'autres, mais le mieux connu en raison de l'importance de sa littérature (depuis le Ve siècle) et du nombre des inscriptions retrouvées. Quand commence son ascension, l'attique n'est pas une langue simple:
— Un système vocalique standard chargé (7 longues, 5 brèves) et déséquilibré (autant de voyelles à l'arrière qu'à l'avant), avec:
  • des oppositions de quantité non toujours évidentes pour un non-natif (cf. /e/ ~ /e:/ et /ɛ:/);
  • une articulation *[y(:)]*, qu'il est seul à posséder avec l'ionien;
  • l'absence d'un /u/ jusqu'à l'élimination des oppositions de quantité (corollaire: tendance de /o/ [et de /e/] à se fermer);
  • une distribution complexe de /a:/ et de /ɛ:/, entraînant des difficultés morphologiques.
— Une morphologie nominale aux très nombreux types flexionnels, non toujours identifiables par le nominatif, cf. λεώς («le peuple»), αἰδώς («la pudeur»), πάτρως («l'oncle paternel»)...;
  • un duel;

---

6. De fait, il «emploie deux sous-systèmes de l'attique, et l'un d'eux avec le temps deviendra la koiné» (Lopez Eire 1986, 354).

7. Morpurgo 1987, 11. Pour l'attique, v. Threatte 1996, *passim.*

- des oppositions sexuelles latentes: μήτηρ comme πατήρ.
— Un système pronominal truffé d'irrégularités flexionnelles et fonction-
nelles et parfois redondant: possession non réfléchie ~ possession réfléchie, pronom réfléchi comportant le sème de la réflexion, mais aussi
celui de la personne (double emploi avec finale verbale).
— Une morphologie verbale compliquée:
  - à côté de la masse des verbes en -ω, une catégorie résiduelle en -μι
    (avec quelques verbes très fréquents, cf. δίδωμι «je donne»);
  - parmi les verbes en -ω, les uns diversement contractes, les autres non;
  - deux types d'aoriste;
  - redondance de la marque du passé (augment + désinence);
  - trois diathèses de base, exprimées par deux voix (jeu des désinences):
    le procès pour l'autre (voix active), pour soi (voix moyenne), subi
    (voix moyenne ~ voix active); mais certains verbes ne connaissent
    qu'une voix, dont la signification est mal identifiable par le locuteur,
    cf. βούλομαι (moyen, «je veux»), mais εἶμι (actif, «je suis»)/γίγνο-
    μαι (moyen, «je deviens»);
  - un système modal à quatre termes (si l'on y inclut l'impératif): ø
    (indicatif) ~ subjonctif ~ optatif ~ impératif, d'où, par exemple, — la
    largeur du spectre des modalités (ainsi pour l'hypothèse cinq degrés,
    contre trois en français); — des chevauchements entre les modes; —
    l'un d'entre eux (l'optatif) souvent simple variante combinatoire de ø
    ou du subjonctif;
  - Un système complexe de particules.
  Etc.

2.2. L'attique ne doit donc assurément pas son expansion à sa simplicité.
Il la doit au contexte culturel, économique et politique, dans lequel il s'inscrit au Ve siècle.

Les Guerres Médiques, menées en commun, renforcent certes chez les
Grecs le sentiment de leur identité face aux «Barbares», mais elles n'entraînent pas l'unité politique. Cette unité, Athènes, qui est pourtant la cité la
plus meurtrie, va la réaliser, partiellement, en sa faveur.

Avec la Ligue de Délos (478 ou 477), confédération destinée primitivement à protéger les Grecs contre les Perses, elle se constitue un véritable
empire, comprenant sur la côte asiatique toute une série de villes d'Aspen-
dos à Sinope, une grande partie des îles de Rhodes à la Chalcidique, etc. Au
plus fort de son extension, la Ligue comptera plus de 200 cités[8], regroupées
en cinq districts (Ionie, Carie, Iles, Thrace, Hellespont)[9].

---

8. On les trouvera dans les listes de tributs régulièrement dressées, B. D. Meritt, H. T.
Wade-Gery et M. F. MacGregor, *The Athenian Tributs Lists* I-IV, Cambridge (Mass.), puis
Princeton 1939-1963 (= *IG* I³ 1, 259-290).
9. A quoi il faut ajouter les multiples alliés ponctuels, qu'Athènes comptera à l'occasion
de chaque «crise».

Cet empire est essentiellement ionien, trait qui ne sera pas sans incidence sur la coloration prise par l'attique devenant koiné et sur son écriture (voir *infra* §3.2).

Athènes essaie de lui imposer ses monnaies, ses poids et mesures, son système économique, son administration judiciaire.

Porté par cette emprise politique et économique, l'immense prestige intellectuel d'Athènes entraîne la constitution d'une véritable koiné culturelle, dont, malgré la défaite de 404, les effets se prolongeront, au siècle suivant, avec la seconde confédération (377)[10].

3. À Athènes

La bataille linguistique se joue d'abord à Athènes. En effet, capitale intellectuelle, artistique et commerciale, la ville devient une mégalopole[11] cosmopolite. Ce n'est pas sans conséquences linguistiques: dans les couches basses de la société se côtoient hellénophones et étrangers. Un pamphlet anonyme écrit vers 420[12] met en relation la marine, le régime démocratique et la décadence des moeurs et de la langue: «par ses vêtements, le peuple ne se distingue plus des esclaves et des métèques» (Ps.-Xén. I, 10, trad. Leduc 1976); «nous avons accordé la liberté de parole aux esclaves à l'égard des hommes libres et aux métèques à l'égard des citoyens, car la cité a besoin des métèques pour une foule de métiers et pour la marine» (I, 12); «c'est grâce à leur maîtrise de la mer, qui les met en rapports mutuels avec d'autres peuples, que les Athéniens ont découvert de quoi varier leurs festins. Les spécialités de la Sicile, de l'Egypte, d'Italie, de Chypre, de Lydie, du Pont, du Péloponnèse ou de tout autre pays, les voilà toutes rassemblées en un seul endroit grâce à la maitrise de la mer. Puis, comme ils entendent parler toutes sortes de langues, ils ont emprunté tel mot à l'une, tel mot à l'autre; les Grecs sur le plan de la

---

10. D'allure démocratique, en réaction contre l'impérialisme de la première alliance, voir le texte de fondation chez J. Pouilloux, *Choix d'inscriptions grecques*, Paris 1960, 100-105, n° 27.

11. A l'échelle de l'époque: l'évaluation de la population attique a donné lieu à de multiples articles et à presque autant d'appréciations. Elle pourrait avoir avoisiné 700.000 personnes vers 431 (l'apogée?), pour redescendre ensuite, notamment dans la seconde partie du IVe siècle, avec diminution du nombre des citoyens et des métèques. A titre indicatif, rappelons le recensement effectué par Démétrios de Phalère en 317/16 ou 313/12 et rapporté par Athénée: 21.000 citoyens, 10.000 métèques et 400.000 esclaves. Même si, comme on le suppose souvent, les chiffres donnés pour citoyens et métèques ne concernent que les chefs de famille ou les hommes en âge de porter les armes, tandis que les esclaves seraient comptés par têtes, la domination numérique de la population servile était écrasante. Sur ces questions, voir par exemple les synthèses d'Y. Garlan, *Les esclaves en Grèce ancienne*, Paris 1984, 68-72, et R. Lonis, *La cité dans le monde grec*, Paris 1994, 43-45, 76 et 82.

12. Entre 421 et 418, période où les Athéniens «croient à la paix, à leur victoire, à la pérennité de leur domination», Leduc 1976, 198.

langue, de la nourriture, du vêtement, sont plus attachés à leurs particularismes; les Athéniens au contraire utilisent une langue où se mêlent des éléments empruntés à tous les Grecs et à tous les barbares» (II, 7-8).

Ces propos amers de celui qu'on nomme parfois le Vieil Oligarque appellent au moins deux remarques:

a. En exaltant le prétendu conservatisme des autres Grecs, il se fait des illusions: en même temps que sa langue perd, selon lui, son identité, les autres parlers grecs subissent l'influence corrosive de l'attique.

b. L'homme est sensible essentiellement aux emprunts lexicaux. Or, si l'on observe bien une rapide évolution de l'attique dans le dernier tiers du Ve siècle[13], elle concerne aussi les autres secteurs de la langue[14].

3.1. Cette affirmation est d'ailleurs parfaitement illustrée par l'attique du pamphlétaire, cf., aux 1ère et 2e déclinaisons, les datifs pluriels en -αις et -οις, alors que -οισι n'est pas encore totalement sorti de l'usage et qu'-ασι/-ησι se rencontre encore souvent: ici convergence de l'attique avec les désinences dialectales majoritaires[15]. Qu'on songe encore à une forme comme εἰπάτω pour εἰπέτω (III 6): simplification du paradigme par alignement du type εἶπον sur ἔλυσα (voir *infra* §5. 2 d).

Mais, en cette fin du Ve siècle, Aristophane, dont les pièces s'étalent de 425 à 388, est sans doute celui qui nous montre le mieux les convergences et les simplifications[16], qui affectent déjà l'attique en passe de devenir langue commune. Les données rassemblées par A. Lopez Eire (1991, 9-61) peuvent être utilement confrontées aux relevés effectués par L. Threatte (1996) dans les inscriptions[17].

13. Voir sur la question E. Risch, «Das Attische im Rahmen der griechischen Dialekte», *MH* 21 (1964), 1-15, et R. Lazzeroni, «Lingua e società in Atene antica. La crisi linguistica del V secolo», *Stud. class. ed Orient.* 34 (1984/1985), 13-25: explications très insuffisantes. Beaucoup plus satisfaisant, l'article d'A. C. Cassio, «Attico «volgare» e Ioni in Atene alla fine del 5. secolo A. C.», *AIΩN* 3 (1981), 79-93.

14. Malgré sa faible superficie (2650 km²), l'Attique connaissait vraisemblablement des variations locales. Il est probable que, pendant la même période, elles ont été partiellement effacées, pour diverses raisons: stratégie adoptée pendant toute la Guerre du Péloponnèse (repli de la population rurale à l'intérieur des murs à chaque invasion du territoire), pertes humaines (peste, guerre), présence à l'étranger (armée/flotte, clérouquies) d'une notable partie du corps civique, tous dèmes confondus, etc.

15. Cette convergence peut naturellement avoir été favorisée par des causes internes, e. g. l'élision et/ou l'haplologie, du type τοῖσι ἵπποισι > τοῖς ἵπποισι.

16. Il arrive que les éditeurs modernes rejettent les formes nouvelles, même contre l'accord unanime des manuscrits (Lopez Eire 1991, 9): en vertu de l'équation «évolution = dégradation» et en raison de la «protection» dont bénéficie l'attique dans l'imaginaire de l'helléniste (cf. Cl. Brixhe, *Lalies* 9, 1990, 42-43).

17. Les conclusions à tirer de cette confrontation doivent être naturellement pondérées par trois facteurs: 1. Les registres comparés ne sont pas identiques; la langue d'Aristophane correspond à la notation littéraire de la langue parlée en contexte non formel; l'épigraphie présente une multiplicité de registres, mais les documents les plus longs et les plus nombreux (?) — les inscriptions publiques — reflètent une langue écrite de chancellerie, où abonde la formule. 2. Pour les raisons que l'on sait, une variation ou un changement est le plus souvent

3.1.1. Quelques exemples, impliquant la simplification de paradigmes nominaux, suffiront à illustrer le propos.

— Pour les noms de personnes masculins, Aristophane présente des exemples de confusion entre thème en /ε:/ et thèmes en /es/, qui les uns et les autres avaient un nominatif en /ε:s/ (-ης)[18]: acc. Σωκράτην pour Σωκράτη *Nuées* 1465, inversement voc. Στρεψιαδες pour Στρεψιάδη *Nuées* 1206. Dans les inscriptions (où le vocatif n'a guère vocation d'apparaître), l'acc. en -η des thèmes en /es/ n'est que peu attesté: -ην apparait dès la fin du Ve s., «il ne peut y avoir de doute que (c') était la forme normale de l'accusatif vers 400» (Threatte 1996, 174). Pour le génitif en revanche, les premiers exemples sûrs de -ου pour -ους datent seulement de 360 environ (mais voir *supra* n. 17/2), et la forme reste minoritaire tout au long du IVe s., avant de devenir usuelle à l'époque hellénistique (*ib.*, 138). Au datif, d'emploi plus rare dans les inscriptions, on a, pour les thèmes en /es/, des exemples de -ηι dès la fin du Ve s., mais au IVe s., -ει reste majoritaire (*ib.*, 173): ici, l'attraction graphique des neutres jointe à l'ambigüité du statut phonétique des séquences notées par -ει/-ηι/-η a dû jouer. Ce cas mis à part, on constate un alignement progressif des noms de personnes masculins de la 3ème déclinaison sur ceux de la 1ère: paradigme -ης, -ην, -ους vers 400, puis -ης, -ην, -ου après 350. Le paradigme très simplifié (nom. -ης, acc. -η(ν), gén.-dat. -η) de la koiné (voir *infra* §5.2 b) reste, lui, étranger aux inscriptions attiques: on ne relève pas d'exemple du génitif en -η (= nominatif amputé de -*s*) avant le IIe s. p. C.

— Lopez Eire 1991, 14-5, mentionne plusieurs emplois chez Aristophane de πρόβατον et de son diminutif προβάτιον pour désigner le «mouton», et cite Meillet qui montrait comment ces termes de flexion régulière avaient totalement éliminé οἶς «brebis», de flexion hors norme en raison de sa diphtongue, dès la fin du IVe s. dans les comédies de Ménandre. Dans les inscriptions, οἶς désignant l'animal destiné au sacrifice se maintient bien dans les règlements sacrés du IVe, mais sa flexion est peut-être déjà défective: en dehors d'exemples relativement abondants du nominatif et accusatif sing., Threatte (1996, 258) n'a à présenter qu'une seule attestation respectivement pour le génitif singulier, et le

---

enregistré par l'écriture longtemps après son émergence. Ceci est pleinement vrai pour les textes épigraphiques. Mais le poète comique, lui, saisit l'instantané; il utilise la variante du moment. C'est ainsi que Platon le Comique (fin du Ve siècle — début du IVe) présente comme barbare ὀλίον pour ὀλίγον: la forme était donc déjà répandue à son époque, sinon elle n'aurait pas fait rire; or il faut attendre la seconde moitié du IVe siècle pour la rencontrer dans une inscription. 3. Ceci dit, les inscriptions échappent aux aléas de la transmission manuscrite, puisque livrées à l'épigraphiste sans autre intermédiaire que le lapicide.

18. Pour les appellatifs, les paradigmes classiques se présentaient ainsi: thèmes masculins en /ε:/ («1ère déclin.»): nom. -ης, voc. -ᾰ [les noms de personnes paraissent avoir utilisé en fonction de vocatif soit le nominatif tel quel, soit une forme en -η = nom. privé de sa consonne finale, cf. Φειδιππίδη, *Nuées* 80], acc. -ην, gén. -ου, dat. -ῃ; thèmes en /es/ («3ème déclin.»): nom. -ης, voc. -ες, acc. -η, gén. -ους, dat. -ει.

nominatif, l'accusatif et le datif pluriels (dat. sing. et gén. plur. non représentés).— Pour les mêmes raisons, on voit la langue d'Aristophane employer πλοῖον et ἀμνός pour ναῦς «le navire» et ἀρήν/ ἀρνός «l'agneau», à la flexion complexe (Lopez Eire 1991, 15-16).

— Seul de tous les dialectes grecs (avec, sporadiquement, l'ionien), l'attique avait en propre pour quelques noms et adjectifs, au sein de la déclinaison thématique, une finale /eɔ:/ résultant le plus souvent d'une métathèse d'aperture et de durée (à partir de /ɛ:o/: -ηο- > -εω-) qui conduisait à une flexion anomale: quand la finale porte l'accent, au sing. -εώς, -εών, -εώ, -εῴ (l'accent des cas obliques est lui-même anomal). Dans les inscriptions, un lexème est principalement concerné, à des degrés divers. Le nom du «temple», ὁ νεώς, est bien attesté avec ses formes traditionnelles jusqu'au IIIe s., à l'exception de l'accusatif[19] dont la forme νεών (3 ex. au Ve s.) est remplacée au milieu du IVe s. par un νεώ analogique; la forme de koiné ναός (qui est celle de tous les dialectes grecs hors attique et ionien), de flexion régulière, se manifeste en prose à la fin du IIIe s. et élimine la forme attique traditionnelle au milieu du IIe s. (Threatte 1996, 39-40)[20].

Pour anodine qu'elle soit en apparence, la présence, chez un écrivain globalement conservateur comme Thucydide[21], de formes telles que Εὐφαμίδας (nom d'un Acarnanien) pour attique Εὐφημίδης (II 33) annonce, à sa manière, la langue commune: en bouleversant la distribution attique des anciens *a:*, elle prépare l'intégration à la langue de multiples noms propres étrangers, grecs ou non.

3.1.2. Le duel, chez Aristophane comme dans les inscriptions, apparaît comme une survivance en voie de liquidation. Chez Aristophane, c'est seulement lorsqu'il est accompagné du numéral que l'emploi du duel marque quelque constance (Lopez Eire 1991, 21); il est alors redondant, donc non très utile, mais bien identifiable. Sans numéral, l'usage paraît presque aléatoire: comparer ἀνατείνοντες τὼ χεῖρ(ε) *Oiseaux* 623 et τὰς χεῖρας αἴρειν *Assemblée* 264, où l'on peut voir de simples variantes métriques; comparer encore ὑμεῖς ... μεταπέμψεσθον *Ploutos* 608-9 (pronom-sujet au pluriel/ verbe au duel) et νὼ ... θεασώμεθα *Oiseaux* 663-4 (pronom-sujet au duel / verbe au pluriel).

Pour les textes épigraphiques, Threatte (1996) n'est amené à traiter du duel qu'à trois reprises:

— P. 18-21, à propos de la déclinaison thématique: le développement est tout entier consacré à l'expression τὼ θεώ, τοῖν θεοῖν, normale à l'époque classique pour désigner les deux déesses associées dans le

---

19. On se limite ici à l'examen du singulier.
20. Toutefois, en composition, νεω- reste en usage jusque sous l'empire: ainsi dans νεωκόρος, νεωποιός (ces deux termes désignent des desservants), Threatte 1996, 52-3.
21. Il écrit pendant les trois dernières décennies du Ve siècle.

culte, Déméter et Koré[22]; les exemples vont du début du Ve s. à la fin
de l'époque hellénistique; vers 180 a. C., on relève la graphie τῶι θεῶι;
la réfection analogique (hypercorrection) ταῖν θεαῖν n'apparaît que
sous l'empire[23].

— P. 91-4, à propos de la déclinaison en -a: : en principe les pronominaux
n'ont pas de forme propre pour le féminin, et cet usage est dans l'ensemble bien respecté, tant que le duel reste en usage; on relève cependant [ἑκ]ατέραιν τοῖν θεοῖν dans un inventaire de 329. Usage flottant
pour les adjectifs et les participes.

— P. 454, à propos des désinences personnelles. Dans les inscriptions en
prose, les exemples concernent uniquement la 3ème personne à l'indicatif et ne vont pas au-delà de la fin du Ve s.; on trouve seulement -την
(aoriste actif; une dizaine d'exemples), -σθην (aoriste moyen: une fois)
et -τον (parfait: une fois). De rares exemples encore au IVe s., tous
dans des inscriptions métriques.

Aristophane et les inscriptions des Ve et IVe siècles préludent donc bien
à la koiné.

3.2. L'écriture fournit un autre témoignage de convergence.

Comme bien des cités, Athènes avait son alphabet. Or, l'empire, on l'a
dit, était essentiellement ionien et dès le second quart du Ve siècle les documents publics athéniens ont commencé à utiliser le répertoire ionien: dès
lors les systèmes attique et ionien sont en concurrence, parfois dans la
même inscription (Threatte 1980, 26-49).

En 403/2, sous l'archontat d'Euclide, dans le cadre de la rénovation de la
démocratie après la défaite de 404, Athènes réforme officiellement son
alphabet. Cette réforme comporte deux volets:

— On emprunte à l'alphabet ionien: a) Ξ (ks) et Ψ (ps); b) Ω et la valeur
vocalique de H (désormais l'aspiration vocalique n'est plus notée); c)
la forme du *gamma* (Γ) et du *lambda* (Λ).

— Mais le second volet n'est pas proprement ionien: il procède de la
convergence des deux aires dialectales, l'attique et l'ionienne. En effet,
dans ces deux zones, dès le VIe siècle, des échanges EI/E et OY/O indiquent que les anciennes diphtongues *ei* et *ou* (primitivement seules à être
écrites EI et OY) se sont confondues avec *e:* et *o:* (> *u:*) (écrits E et O):
par hypercorrection, on étend sporadiquement les digrammes EI et OY

---

22. Dans cet emploi, on trouve chez Aristophane (sans numéral ni article) Θεσμοφόρω
Thesmophories 282, 1156.
23. Dans l'une des rares occurrences, θεαῖν semble avoir été écrit par-dessus θεοῖς: bel
exemple d'hypercorrection! — On peut ajouter qu'en attique, le nom θεός est épicène (l'expression ἡ θεός désigne ordinairement Athéna, déesse poliade d'Athènes), la forme θεά peut
apparaître cependant comme marque de différenciation sexuelle dans des expressions comme
θεῶι καὶ θεᾶι ou (dans un décret de 362) τοῖς δώδεκα θεοῖς καὶ ταῖς σεμναῖς θεαῖς (il
s'agit des Erynies); les expressions du type τὰς θεάς, sans mention de dieux masculins, ne
sont pas attestées avant le IIIe s. (Threatte 1996, 21).

aux anciens *e:* et *o:*. La réforme ne fait qu'entériner cette généralisation. Désormais, chaque voyelle de timbre *e* et *o* a son autonomie graphique: E = *e,,* H = *ε:*, EI = *e:*, O = *o*, Ω = *ɔ:*, OY = *o: > u:*.

Cet outil, produit de l'emprunt et de la convergence, est infiniment plus performant que ce dont on disposait jusqu'ici. Porté par l'attique s'imposant comme langue commune (koiné), il va devenir après Alexandre l'alphabet de tous les Grecs, effaçant rapidement tous les alphabets épichoriques issus de la période archaïque.

3.3. Un dernier phénomène, qui intervient également dans la capitale de l'empire athénien, mérite toute notre attention: il n'est certainement pas sans incidence sur la forme et l'expansion de l'attique.

Les chiffres donnés *supra* n. 11 confirment, on l'a vu, l'omniprésence de la population servile, dont se plaint le Vieil Oligarque.

Or cette population servile était essentiellement étrangère, avec, si l'on en croit littérature et épitaphes, trois groupes dominants: les Thraces, les Syriens et les Phrygiens[24]. Rappelons que le corps de police (300 individus au milieu du Ve siècle) était composé d'esclaves publics, d'origine scythe. On trouvait des esclaves dans toutes les localités attiques et dans tous les secteurs d'activité. Comment ces groupes communiquaient-ils a) entre eux et b) avec les autochtones? Au moyen d'un pidgin dont Aristophane nous donne un aperçu à la fin du Ve siècle.

3.3.1. Un pidgin se définit, on le sait, par sa fonction purement véhiculaire et par la simplification qu'entraîne cette fonction: simplification du système phonologique, de la flexion nominale et pronominale, de la conjugaison, pour nous en tenir aux traits que nous allons retrouver.

Or la langue qu'Aristophane prête à ses étrangers en trois circonstances répond en tous points à ces critères. Il met en scène:
— un Perse, dans *Acharniens* (425), v. 100 et 104;
— un dieu triballe[25] dans *Oiseaux* (414), v. 1615, 1628-1629 et 1678-1679;
— un archer scythe dans *Thesmophories* (411), v. 1001-1007, 1083-1135, 1176-1201 et 1210-1225.

3.3.2. On observe dans cette langue une première simplification phonétique et phonologique: aucune des langues étrangères présentes à Athènes ne comportait des sourdes aspirées et l'étranger assimilait naturellement les aspirées du grec à ses propres occlusives sourdes simples, d'où graphiquement K pour Ψ, T pour Θ et Π pour Φ, e.g. πέρι pour φέρει,

---

24. Cf. K. DeVries, «The Nearly Other: The Attic Vision of Phrygians and Lydians», *Not the Classical Ideal. Athens and the Construction of the Other in Greek Art*, B. Cohen éd., Leyde — Boston — Cologne 2000, 340 (avec bibliographie).

25. Les Triballes appartenaient, semble-t-il, à l'ensemble thrace, symbolisant pour les Athéniens l'humanité la plus primitive et l'exotisme sauvage (Brixhe 1988, 114).

Thesmophories 1102 (Brixhe 1988, 119-122). Variable purement «étrangère», sans conséquence pour l'histoire de la langue.

3.3.3. Mais, dans le même secteur, toute une série de simplifications tiennent à l'adoption (et à la promotion) par l'étranger d'un certain nombre de variations basses autochtones. Nous disons «autochtones», parce qu'elles finiront par triompher pour la plupart[26]. Cette prise en charge n'a rien de surprenant, puisque l'étranger apprenait le grec sur le tas (lieu de travail pour l'essentiel), au bas de la pyramide sociale athénienne ou auprès d'autres étrangers:
— élimination de l'aspiration vocalique (Brixhe 1988, 123-124);
— confusion de /ɛ:/ (H) et de /e:/ (EI) avec /i:/ (*ibid.*, 125-126);
— élimination des oppositions de quantité (*ibid.*, 127).

Si l'on tient compte du fait que dans cet environnement /y/, que ne possédaient aucune langue étrangère ni aucun autre dialecte grec autre que l'ionien et l'attique, ne pouvait qu'être assimilé à /i/, variation qui se généralisera plus tard, on s'aperçoit que le pidgin de l'étranger et sans doute la langue d'une partie de la population autochtone avaient déjà, comme le grec standard d'aujourd'hui, un système vocalique réduit à cinq voyelles isochrones, /a/, /e/, /i/, /o/, /u/.

3.3.4. L'élimination, en finale de mot (Brixhe 1988, 128-129), de la nasale (variation basse qui triomphera) et de la sifflante (autre variation basse, mais qui, stigmatisée, sera éliminée)[27] contribue certainement, avec la complexité du système, à l'extrême simplification de la morphologie, que nous n'entrevoyons qu'au singulier[28], tant pour le nom que pour le verbe (*ibid.*, 130-134):
— réduction du thème de l'article à deux formes, τό pour le masculin et le neutre, τή pour le féminin;
— élimination de la flexion nominale, ramenée à une forme unique, quel que soit le type de déclinaison: μιαρά, κεπαλή pour la première déclinaison, πανοῦργο et ὀδό pour la seconde, γύναικο et γέροντο pour la troisième;
— flexion verbale réduite à une forme, en -*i*, du type λέγι pour λέγω, λέγεις, λέγει, et qui phonétiquement correspond à la 3e personne normale, à la seconde amputée de son -*s* final, mais aussi à l'infinitif sans son -*n* ultime (λέγειν). La forme verbale ne référant plus à la personne, celle-ci est le plus souvent indiquée par un pronom sujet (ἐγώ, σύ),

---

26. On ne peut naturellement exclure que les étrangers aient contribué à l'émergence de certaines d'entre elles, adoptées ensuite par les maîtres athéniens avec lesquels ils étaient en contact et qui appartenaient souvent à cette frange supérieure du monde travailleur, dont on connaît le rôle majeur dans le changement.

27. Sans doute à cause, précisément, de ses conséquences morphologiques.

28. Le pluriel n'est pas documenté, mais les deux variations en question devaient y avoir des effets comparables.

dont la présence dans la langue standard est normalement emphatique: e. g. πέρι ... σύ (*Thesmophories* 1102-1103, pour φέρεις), μή μ᾽ ἱκετεῦσι σύ (*ibid*. 1002, pour μή μ᾽ ἱκετεύσῃς), δρᾶσ᾽ ἐγώ (*ibid*. 1993, pour δράσω) ou οὐ κωλῦσ᾽ ἐγώ (*ibid*. 1179, pour οὐ κωλύσω).

3.3.5. Certains verbes, qui ne connaissent que la flexion moyenne, reçoivent naturellement une flexion active, cf. βούλις = *βούλεις pour βούλει/ βούλῃ (*ibid*. 1005) ou ὀρκῆσι pour ὀρχήσηται (*ibid*. 1179).

Si l'on ajoute les inévitables changements de thème (κλέπτο pour κλέπτης, Th. 1112) ou les erreurs sur le genre quand immotivé (Brixhe 1988, 134-135), on a là un pidgin qui donne tout à fait une impression d'authenticité.

3.3.6. Combien de temps persista-t-il? On ne peut le dire puisque le témoignage d'Aristophane est unique. On peut supposer qu'il ne survécut pas longtemps à la grandeur d'Athènes et qu'il s'éteignit avec la domination macédonienne et l'expansion de l'attique comme langue commune. Il s'agissait, comme pour tous les pidgins, de la langue de groupes instables, purement véhiculaire, née du besoin, ressenti par des groupes ayant chacun leur langue, de communiquer entre eux et avec les Athéniens. Son émergence n'en contribua sans doute pas moins à la généralisation de certaines variations (cf. *supra* §3.3.3), d'autant qu'elle intervenait dans une période troublée[29], où la presssion normative devait être moindre.

4. Hors d'Athènes

Mais, en même temps, c'est-à-dire très précocement, l'attique joue son destin et partiellement sa forme, surtout hors de ses frontières. De multiples cironstances favorisent, en effet, son exportation:
— Le prestige d'une remarquable littérature, appuyé par l'économie et la politique, en fait très tôt la langue de culture du bassin oriental de la Méditerranée: ainsi au début du IVe siècle, en Lycie, un homme de Pellana (Achaïe) compose en attique un poème en l'honneur du dynaste Arbinas, Brixhe 1993, 73, texte Xanthos 3.
— La stabilité de l'empire impose, surtout pour mater d'éventuelles révoltes, l'installation de nombreuses clérouquies ou garnisons, parfois très proches d'Athènes (Chalcis, Erétrie en Eubée), souvent d'ailleurs très anciennes (cf. à Imbros et Lemnos, depuis la fin du VIe siècle: elles sont dirigées alors contre la Perse).
— Les opérations militaires mêlent constamment Athéniens et autres Grecs; il suffit, pour s'en convaincre de suivre l'année 431 (début de la Guerre du Péloponnèse) chez Thucydide: un corps de cavalerie thessa-

---

29. Cf. les faits évoqués *supra* n. 14.

lien à Athènes (II 22), 50 trières corcyréennes se joignant à 100 trières athéniennes pour faire le tour du Péloponnèse (II 24), opération en Elide avec assistance de Messéniens (II 25), Eginètes chassés de chez eux avec femmes et enfants et installation de colons (II 27), invasion de Mégare (II 31)...

— Les appétits ou les besoins économiques d'Athènes l'amènent à avoir une forte activité militaire et/ou diplomatique en Thrace et en Macédoine: contrôle de la route du blé, argent du Pangée, bois de Macédoine.

Ces besoins permettent de comprendre pourquoi très anciennement Athènes entretient des rapports privilégiés avec les dynastes macédoniens: ainsi Alexandre I (environ 499-454) est proxène, évergète et ami d'Athènes, vers la fin du siècle Euripide est reçu par Archélaos (cf. Brixhe — Panayotou 1988, 246).

Ces relations provoquent très tôt l'atticisation de l'aristocratie macédonienne (Brixhe — Panayotou 1988). Or, c'est là un fait capital pour l'avenir linguistique de la région; car, avec Alexandre le Grand l'impérialisme macédonien prend le relai de l'athénien[30].

Plus tard, cet impérialisme sera, à son tour, relayé par l'impérialisme Romain (Rome hérite du royaume de Pergame en 133 a. C.), qui fera du grec attique la langue de la partie orientale de l'empire.

Et c'est ainsi que l'attique a été entraîné jusqu'aux portes de l'Inde.

4.1. L'attique, qui au Ve siècle part à la conquête de la Macédoine, n'est pas celui des couches populaires. Les vecteurs de son expansion sont, en effet, les hommes de lettres, les magistrats administrateurs ou diplomates, les commerçants, les exploitants miniers (cf. la famille de Thucydide et les mines d'or de la région du Strymon), etc., voir Brixhe1990, 222, n° 45. Il s'agit donc d'un attique relativement conservateur[31].

5. Une langue véhiculaire

Avant Alexandre le Grand et à partir des dernières décennies du Ve siècle, il n'y avait probablement pas de cité grecque où les élites n'aient été en contact avec l'attique. Et il avait déjà pénétré dans des zones non hellé-

30. Chez les élites au moins et pour la langue des documents officiels, l'arrivée des Macédoniens provoque souvent une véritable rupture: ainsi en Carie, l'aristocratie locale utilisait avant 334 un grec avec solide coloration ionienne; après cette date, elle emploie l'attique, Brixhe 1993, 69.
31. Mais, en raison de sa fonction (cf. *infra*), cette langue évoluera rapidement. A Athènes, au contraire, passé les turbulences de la fin du Ve siècle et peut-être de la première moitié du IVe (*supra* §3), la norme semble être redevenue contraignante et l'être restée: pendant longtemps — retournement de situation — la langue écrite fournie par les inscriptions attiques est plus conservatrice que celle du reste du monde grec.

nophones comme la Thrace et la Lycie. Avec Alexandre, son expansion devint brutalement considérable et elle concerna des couches sociales qu'il ignorait jusqu'alors. Langue d'une armée pluridialectale (Grecs) et plurilingue (Grecs et non-Grecs), langue du pouvoir dans des territoires alloglosses et dans des villes nouvelles, dont la fondation impliquait un vaste brassage, l'attique devient pour des masses de gens d'origines diverses l'outil utilisé pour communiquer entre eux ou avec les autorités, c'est-à-dire une langue véhiculaire.

5.1. Sur sa route, l'attique a naturellement d'abord rencontré les dialectes grecs et cette rencontre a tout à fait normalement entraîné des phénomènes de convergence: ainsi au -TT-[32] que l'attique partageait seulement avec le béotien et l'ionien d'Eubée est substitué le -ΣΣ- de tous les autres parlers grecs, d'où φυλάσσω pour φυλάττω «je garde» ou τέσσαρες ou τέσσερες pour τέτταρες «quatre».

On a entrevu plus haut (§3.3.1) le remplacement de νεώς par ναός: ici la convergence élimine un paradigme difficile.

5.2. En fait, c'est dans ce sens surtout que sa fréquente véhicularité va faire évoluer la langue. Sa fonction sélectionnera, en effet, certaines directions évolutives simplificatrices.

Quelques exemples:

a. On verra, au passage, que le changement a souvent une base phonétique et phonologique: très vite, après la confusion de /ɛ:/ et de /e:/ avec /i:/, après l'élimination des oppositions de quantité et après l'assimilation à /i/ de /y/ que l'attique était seul à posséder avec l'ionien[33], une grande partie des locuteurs s'est retrouvée avec un système vocalique très simple, formé de cinq voyelles isochrones, déjà celui du grec actuel (/i/, /u/, /e/, /o/ et /a/)[34].

b. Là où l'attique avait πολίτης, gén. πολίτου, les dialectes doriens connaissaient πολίτας/-α; l'attique, lui-même, avait des flexions telles que ἀτταγᾶς/-ᾶ (genre de perdrix), νεώς/-ώ, ἀργυροῦς/-οῦ («d'argent»). Sur ces modèles va émerger une flexion spécifiquement masculine où, au singulier, le nominatif est caractérisé par *voyelle* + *s,* lequel disparaît au génitif, d'où -ης/-η, -ας/-α, -ως/-ω, etc. On rencontre -ας/-α dans la koiné de Macédoine à la fin du Ve siècle ou au début du IVe (Brixhe — Panayotou 1988, 251); à la même époque -ας/-α et -ως/-ω en Lycie (Brixhe 1993, 78), -ης/-η en Troade dès le Ve siècle[35]. Affectant d'abord les noms de per-

---

32. Produit de la palatalisation, puis de la dépalatalisation de diverses occlusives devant */j/.

33. Ici comme dans les exemples suivants, pour éviter les longueurs, nous simplifions volontairement le processus et nous négligeons les aspects sociolinguistiques.

34. C'était celui du pidgin évoqué précédemment (§3.3.3). Pour la complexité du système de départ, voir le §2.1.

35. R. Hodot, *Le dialecte éolien d'Asie*, Paris 1990, 121-123. L'Attique, elle, est très en retard, voir *supra* §3.1.1.

sonnes, cette flexion[36] s'étend ensuite aux substantifs et aux adjectifs: elle subsiste en grec moderne.

Parallèlement apparaît une déclinaison spécifiquement féminine, présentant les caractéristiques inverses: nominatif vocalique, dont on déduit le génitif par adjonction d'un -s; on la retrouve également en néo-grec.

c. Les verbes en -μι sont éliminés: δίδωμι est remplacé par δίδω, ἀφίημι par ἀφίω ou ἀφίνω, εἰμι par εἶμαι, etc.

d. La conjugaison de l'aoriste résiduel du type εἶπον est alignée sur celle d'ἔλυσα, le type vivant; on en a vu un exemple attique ancien dans la prose du Vieil Oligarque (§3.1).

e. La forme classique du réfléchi, en même temps qu'elle indiquait la réflexivité, référait à la personne, laquelle était aussi donnée par la finale du verbe et/ou un pronom sujet (§2.1): ἐμαυτόν, σεαυτόν, ἑαυτόν...; on élimine cette redondance en faisant de ἑαυτόν le réfléchi universel (Brixhe 1987, 80-82).— La possession était exprimée par le génitif de deux séries pronominales différentes, selon qu'elle était réfléchie ou non, d'où ἑαυτοῦ (réfléchi) mais αὐτοῦ (non réfléchi): on va utiliser dans les deux cas les mêmes outils, le génitif du pronom non réfléchi, μου, σου, αὐτοῦ... (Brixhe 1987, 82-83).

f. On amorce la recomposition du système modo-temporel: en raison des changements phonétiques évoqués ci-dessus sous **a**, indicatif et subjonctif présents, futur et subjonctif aoristes sont devenus identiques et l'on passe d'un système où le mode peut être réalisé par la forme verbale seule, à un système où il est donné par l'environnement (conjonction, négation, structure): ainsi une forme comme *[lisis]* (de λύω «délier»), dans laquelle se sont confondus le futur λύσεις et le subjonctif aoriste λύσῃς, est future (toujours hors aspect) ou subjonctive selon le contexte. Et, les formes, qui, en raison de l'utilisation de thèmes différents, ne pouvaient fusionner phonétiquement, deviennent variantes libres l'une de l'autre, ainsi, de φέρω «je porte», οἴσω (ancien futur) et ἐνέγκω (primitivement subjonctif) sont désormais interchangeables (Brixhe 1987, 89-94, et 1990, 225, n° 47).

g. Elimination du datif (*Id.*, 1987, 95-100).

On pourrait aisément multiplier les exemples.

6. La vernacularisation

Hors terres grecques, en raison de la persistance des parlers indigènes, cet attique évolué est souvent resté langue véhiculaire pour une partie de la population. Mais, en contexte urbain, il a dû y avoir constant passage de la véhicularité à la vernacularité. De plus, en certains districts ruraux (ainsi, en

---

36. En fait, la phonétique la réduit, au singulier toujours, à deux formes: e. g. -*as* pour le nominatif, -*a* pour l'accusatif, le génitif et le datif (avant l'élimination de ce dernier, *infra*).

Asie Mineure, le bassin du Moyen Hermos), la koiné s'est incontestablement vernacularisée, effaçant la ou les langues indigènes.

En terre grecque, elle s'est généralisée comme vernaculaire, à des vitesses évidemment variables: tous les dialectes néo-grecs supposent la médiation de la koiné.

6.1. Cette vernacularisation s'est naturellement accompagnée d'une recomplexification, ainsi:
— Dans l'expression de la réflexivité (*supra* §5.2 e), on réintroduit la référence à la personne: τοῦ ἑαυτοῦ μου, τοῦ ἑαυτοῦ μας «de moi, à moi», «de nous, à nous», etc.
— Sur le modèle de λύσω, futur ou subjonctif selon le contexte (*supra* §5.2 f), λύω sera indicatif présent, mais aussi subjonctif ou futur selon l'environnement. Le futur cesse alors d'être hors aspect. C'est la situation esquissée au début de notre ère par la koiné d'Egypte (Brixhe 1990, 225, n° 47)[37].

6.2. Les dialectes néo-grecs supposent la médiation de la koiné (§6), mais aussi l'émergence de variétés régionales. Sauf exceptions (cf. peut-être celle de la Phrygie, Brixhe 1987, 27), celles-ci ne semblent pas avoir été suffisamment différenciées pour mériter le nom de dialectes.

Se répandant sur de vastes territoires, avec environnements humains et géographiques divers, la koiné était pourtant menacée d'éclatement. Mais cette menace était écartée par l'existence d'un standard prestigieux[38], appuyé sur une littérature vigoureuse, véhiculé par l'école pendant toute l'antiquité dans le cadre d'une *paideia* idéalement uniforme, et reflété par les documents officiels, dont la langue est identique d'un bout à l'autre du monde hellénophone.

7. En guise de conclusion

Si l'attique est devenu langue commune, il le doit donc surtout non pas à ses qualités intrinsèques, mais aux trois impérialismes qui l'ont sucessivement porté. Et, s'il s'est simplifié, c'est qu'il est devenu une langue de grande extension, la langue véhiculaire du bassin oriental de la Méditerranée et du Proche-Orient, réalité que l'on ressent jusque dans les milieux cosmopolites des ports occidentaux; pour s'en convaincre, il suffit de parcourir le corpus épigraphique d'Ostie, le port de Rome: la koiné y affleure

---

37. L'existence de dialectes n'ayant qu'un futur, sur thème du présent ou de l'aoriste, donc hors aspect (G. Drettas, *Aspects pontiques*, Paris 1997, 298-299), semble supposer a priori une nouvelle simplification.

38. Sur la barrière dressée contre l'éclatement par un standard et sa représentation, voir L.-J. Calvet, *Pour une écologie des langues du monde*, Paris 1999, 36-37.

constamment. Ainsi, comme on pouvait s'en douter, c'est la fonction qui a fait la langue et non l'inverse.

Pour simplifier l'exposé, nous avons constamment utilisé le terme général de «koiné». Or la koiné n'existe pas, pas plus que n'existent le grec ou le français. C'est une abstraction, dont la désignation mériterait au moins l'emploi du pluriel. «Koiné» correspond, en effet, à tout un continuum, qui va de l'attique classique écrit (langue cible jusqu'à la fin de l'antiquité) au niveau le plus humble de la langue parlée.

Nous n'entrevoyons malheureusement qu'avec difficulté les registres parlés[39], qui font pourtant le devenir de la langue: comme on ne peut les atteindre que par l'écrit et à travers un «genre» (décret, dédicace, confession, épitaphe…), que l'écrit suppose un contact minimal avec l'école et que l'expression écrite est la situation d'énonciation la plus formelle, la langue écrite, même la plus «pauvre» (celle d'une épitaphe, par exemple), n'est jamais l'enregistrement de l'orale, elle est toujours perturbée par l'école et… la formule. Ainsi le datif n'est jamais aussi présent dans les documents que quand il est mort[40] et, si εἶπον s'est aligné sur ἔλυσα (*supra* §5.2 d), on n'en continue pas moins à enseigner les paradigmes classiques et l'on ne s'étonne pas de rencontrer le réflexe inverse, l'alignement d'ἔλυσα sur εἶπον (d'où ἔλυσον)[41]: simple hypercorrection écrite? Ce n'est pas certain.

Claude BRIXHE - René HODOT
Université de Nancy 2

Abstract

The Greek world prepared for the acceptance of a common language by the existence of literary languages issued from various dialects. — Success of the Attic not due to its simplicity, but to exceptional political (and cultural) circumstances after the Medic Wars. — Athens, a megalopolis, one of the crucibles of the koine in the 5th and 4th c.: emergence of a pidgin; simplidication of the Attic dialect and convergencies with the other dialects. — Spread of the Attic in the foreign countries, especially in Macedonia. — Athenian imperialism prolonged by the Macedonian and Roman imperialism. — The Attic vehicular language of Greeks and non-Greeks: its simplification. — New complexity when it becomes vernacular.

39. Le plus souvent, nous ne les entrevoyons que dans leurs grandes lignes et, pour valider nos conclusions, nous avons heureusement le témoignage des aboutissements modernes.
40. Voir cl. Brixhe, «Du «datif» mycénien aux protagonistes de la situation linguistique», *Mykenaïka* (= Suppl. XXV au *BCH*), J.-P. Olivier éd., Paris 1992, 145-150.
41. Trait particulièrement fréquent dans les confessions païennes du Moyen Hermos. Voir déjà Brixhe 1987, 86. Même principe explicatif pour les aoristes sigmatiques fléchis thématiquement chez Homère (e. g. ἐδύσετο «il pénétra» pour ἐδύσατο) et dans le dialecte pamphylien? Autre explication respectivement chez P. Chantraine, *Grammaire homérique* I, Paris 1958, 416-419, et Cl. Brixhe, *Le dialecte grec de Pamphylie*, Paris 1976, 115-116.

Références bibliographiques

BRIXHE (Cl.) 1987: *Essai sur le grec anatolien au début de notre ère*², Nancy.
— 1988: «La langue de l'étranger non grec chez Aristophane», *L'étranger dans le monde grec*, R. Lonis éd., Nancy, 113-138.
— 1990: «Bulletin de dialectologie grecque», *REG* 103, 201-230.
— 1993: «Le grec en Carie et en Lycie au IVe siècle: des situations contrastées», *La koiné grecque antique* I, Cl. Brixhe éd., Nancy, 59-82.
BRIXHE (Cl.), Panayotou (A.) 1988: «L'atticisation de la Macédoine: l'une des sources de la koiné», *Verbum* 11, 245-260.
LEDUC (Cl.) 1976: *La Constitution d'Athènes attribuée à Xénophon*, Besançon.
LOPEZ Eire (A.) 1986: *Estudios de lingüistica, dialectologia e historia de la lengua griegas*, Salamanque, 353-69, «Tucidides y la koiné» (= *Athlon* 1, 1984).
— 1991: *Atico, koiné y aticismo*, Murcia.
MORPURGO Davies (A.) 1987: «The Greek notion of dialect», *Verbum* 10, 7-28.
THREATTE (L.) 1990: *The Grammar of Attic Inscriptions* I. *Phonology*, Berlin — New York.
— 1996: *The Grammar of Attic Inscriptions* II. *Morphology*, Berlin — New York.

DIASYSTÈME LATINOPHONE ET INTERACTIONS COMMUNICATIONNELLES (IIIᵉ-VIIIᵉ S.)

Résumé

Le latin a moins fait l'objet de travaux comme langue de communication que comme langue source des langues romanes. De ce fait, la linguistique diachronique (latine et romane) a développé pour décrire et expliquer l'évolution langagière du latin au roman des théories qui ne tiennent pas suffisamment compte de la complexité des phénomènes impliqués dans une langue vivante, parlée collectivement. A la lumière des apports de la sociolinguistique diachronique, centrée sur les enjeux de la communication et de la parole, on propose de changer la description de ce changement langagier en renonçant aux modélisations traditionnelles, trop binaristes, et de ce fait appauvrissantes, du latin, pour privilégier des représentations plus complexes qui tiennent compte des facteurs positifs et dynamiques dans ses transformations. Cette reconsidération permet par voie de conséquence de souligner la souplesse et la fluidité de la latinophonie, apte dès le départ à connaître l'expansion externe que l'on sait.

1. Latin, latinophonie, communication

Le latin figure toujours comme langue de communication à l'échelle mondiale sous la forme moderne qu'il a revêtue au fil des siècles, en étant à la fois devenu différent de lui-même (métamorphose diachronique) et différent selon les régions (métamorphose synchronique). Aujourd'hui encore des espaces langagiers comme le monde hispanophone couvrent des millions de kilomètres carrés et sont habités par des centaines de millions de locuteurs[1]. L'espagnol parlé contemporain a fait et fait l'objet de nombreux travaux qui rendent compte de sa variété et de son unité: ses aspects culturels, géographiques, sociaux donnent en permanence à voir aux spécialistes *in vivo* une langue à la fois protéiforme et communicante[2]. Evidemment,

---

1. Je me réfère toujours volontiers pour ces rappels évidemment sommaires aux bilans et aux descriptions fournies par P. BEC, *Manuel pratique de philologie romane*, t. 1, Paris, 1970 et t. 2, Paris, 1971, à la synthèse plus moderne de R. POSNER, *The romance languages*, Cambridge, 1996 et pour la dialectologie en particulier à la somme de A. ZAMORA VICENTE, *Dialectologia hispanica*, Madrid, 1996.

2. On en verra un bon exemple dans la synthèse de S. AUROUX (éd.), *L'hyperlangue brésilienne*, *Langages*, t. 130, 1998.

une telle description des mondes hispanophones serait applicable à d'autres grands ensembles véhiculaires[3].

Je le retiens ici pour dire qu'il donne une image appropriée de la représentation que je me fais à présent de la latinophonie impériale[4]. En effet, pendant plusieurs siècles, sur un espace relativement vaste (quoique moindre), quelques dizaines de millions de locuteurs ont parlé latin et ont ainsi pu communiquer de la Bétique à la Pannonie. Une langue villageoise parlée par quelques milliers de locuteurs a connu un destin communicationnel d'exception. Elle fait son entrée dans l'histoire de la parole en Occident en même temps que la conquête romaine pour s'affirmer de manière irréversible au moment où l'Empire connaissait une des plus graves crises de son histoire. Au IIIe siècle en effet, alors que pendant une cinquantaine d'années les différentes régions impériales tendaient à prendre une certaine autonomie, la parole latine achevait de devenir dominante partout, comme en un mouvement contradictoire. Cette entrée définitive sur la scène langagière n'est suivie d'une sortie que quelques siècles plus tard, lorsque longtemps après la chute de l'Empire, la parole latine perd son statut de langue de communication générale, entraînant par là la dislocation finale de la latinophonie[5]. Cette

3. Comme on le voit, cet exposé part d'un point de vue essentiellement sociolinguistique étroitement associé tant à la dialectologie aréale qu'à la géographie des langues. Ma bibliothèque se fonde donc sur les travaux classiques de W. LABOV, *Sociolinguistique*, Paris, 1976 & *Le parler ordinaire, La langue des ghettos noirs des Etats-Unis*, 2 vol., Paris, 1978 et de P. TRUDGILL, *Sociolinguistics: an introduction to language and society*, Londres, 1991, enrichie de L.J. CALVET, *La guerre des langues et les politiques linguistiques* (2è éd.), Paris, 1999.
  4. On trouvera des exposés détaillés et leurs justificatifs dans M. BANNIARD, *Viva voce. Communication écrite et communication orale du IVe au IXe siècle en Occident Latin*, Paris, 1992 & *Action et réaction de la parole latinophone: démocratisation et unification (IIIe-Ve siècles)*, in J.M. CARRIÉ, G. CANTINO-WATAGHIN (éd.), *Antiquité Tardive et «démocratisation de la culture», mise à l'épreuve du paradigme*, in *L'Antiquité Tardive*, t. 00, 2001 (sous presse).
  5. Je reprends et résume les conclusions posées depuis une génération par ce qu'on peut appeler un groupe de recherche européen en sociolinguistique diachronique, M. BANNIARD, *Viva voce*; ID., *La rouille et la lime: Sidoine Apollinaire et la langue classique en Gaule au Ve siècle*, in L. HOLZ (éd.), *De Tertullien aux Mozarabes, Mélanges J. Fontaine*, Paris, 1992, p. 413-427; ID., *Latin et communication orale en Gaule: le témoignage de la Vita Elegii*, in J. FONTAINE, JN HILLGARTH (éd.), *L'Europe au VIIe siècle: changement et continuité*, Londres, 1992, p. 58-86; ID., *Seuils et frontières langagières dans la Francia romane du VIIIe siècle*, in J. JARNUT (éd.), *Karl Martel in seiner Zeit, Beihefte der Francia*, t. 37, 1994, p. 171-190; M. RICHTER, *Kommunikationsprobleme im lateinischen Mittelalter*, in *Historische Zeitschrift*, t. 222, 1976, p. 43-80; ID., *A quelle époque a-t-on cessé de parler latin? A propos d'une question mal posée*, in *Annales ESC*, t. 38, 1983, p. 439-448; M. VAN UYTFANGHE, *Le latin des hagiographes mérovingiens et la protohistoire du français*, in *Romanica Gandensia*, t. 16, 1976, p. 5-89; ID., *Latin mérovingien, latin carolingien et scripta romana rustica, rupture ou continuité?* in *D'une déposition à un couronnement, 476-800*, Bruxelles, 1977, p. 65-88; ID., *Histoire du latin, protohistoire des langues romanes et reconstruction*, in *Francia*, t. 11, 1984, p. 579-613; ID., *L'hagiographie et son public à l'époque mérovingienne*, in *Studia patristica*, t. 16, 2, Berlin, 1985, p. 54-62; ID., *Stylisation biblique et condition humaine dans l'hagiographie mérovingienne, 600-750*, Bruxelles, 1987; ID., *La Bible et l'instruction des laïcs à l'époque mérovingienne: des témoignages textuels à une approche langagière de*

chronologie, récemment établie, à la lumière des enseignements de la sociolinguistique diachronique suppose que le dynamisme de la parole latine a
continué de fonctionner bien au-delà des dates retenues dans la perspective
romaniste traditionnelle héritée du siècle précédent. Elle conclut en particulier à la prédominance des facteurs centripètes sur les facteurs centrifuges
pendant les siècles où précisément on admet traditionnellement que la *Romania* se fragmente. Je vais faire ici comme si cette nouvelle chronologie était
désormais communément acceptée pour m'interroger sur les facteurs qui ont
pu favoriser le dynamisme de la parole latine pendant si longtemps[6]. Chemin
faisant, il conviendra aussi de reconsidérer quelques uns des principes parfois
implicites qui président à la description de cette période. En effet on a répé-
titivement voulu tirer la célèbre affirmation de saint Jérôme sur le fait que
«la latinité varie en synchronie et en diachronie» dans le sens d'une fragmentation précoce du latin à son époque. Quelle modélisation pourrait conci-
lier ce témoignage — qui ne saurait être écarté — et l'hypothèse d'une vie
de la latinophonie plus longue que ce qui a été régulièrement admis par une
partie des philologues[7]?

2. Système et diasystème latins

La datation relativement haute souvent retenue par les romanistes de
l'ancienne école pour proposer une datation de la fragmentation du latin
(dit «vulgaire»[8]) tient en particulier à la constatation d'un grand nombre

la question, in *Sacris erudiri*, t. 34, 1994, p. 67-123; R. WRIGHT, *Late Latin and Early
Romance in Spain and Carolingian France*, Liverpool, 1982; ID. (éd.), *Latin and the
Romance Language in the Early Middle Ages*, Londres/ New-York, 1991; ID., *La muerte del
ladino escrito en Al-andalús*, in *Euphrosyne*, t. 22, p. 250-267; ID., *Early Ibero-Romance*,
Newark, 1995; ID., *Latin in Spain: Early Ibero-Romance*, in H.F. NIELSEN, LENE SCHOSLER
(éd.), *The Origins and Development of Emigrant Languages*, Odense, 1996, p. 277-298; ID.,
Translation between Latin and Romance in the Early Middle Ages, in J. BEER (éd.), *Translation. Theory and Practice in the Middle Ages*, Western Michigan University, Kalamazoo,
1997, p. 7-31; ID., *Il latino di lingua materna a lingua straniera*, in J. HERMAN (éd.), *La transizione dal latino alle lingue romanze*, Tübingen, 1998.

6. Une telle chronologie a eu en fait des précurseurs, sinon des parrains: E. AUERBACH,
Literary language and its public in late latin Antiquity and in the Middle Ages, Londres,
1965; HF MULLER, *When did Latin cease to be a Spoken Language in France?*, in *The
Romanic Review*, t. 12, 1921, p. 318-334; D. NORBERG, *A quelle époque a-t-on cessé de parler latin en Gaule?* in *Annales ESC*, t. 21, 1966, p. 346-356. L'état des lieux de cette
recherche d'une chronologie a été dressé dans M. BANNIARD, *Viva voce*, chap. 1.

7. Je laisse de côté la question des mécanismes de la romanisation et de la latinisation,
question trop vaste pour être même seulement effleurée ici. L'état des lieux a été assez largement dressé dans les différents volumes de la série *ANRW* (*Aufstieg und Niedergang der
Römischer Welt*) et complété dans une synthèse G. NEUMANN, J. UNTERMANN, *Die Sprachen
im Römischen Reich der Kaiserzeit. Kolloquium vom 8. bis 10. April 1974*, Bonn, 1980.

8. Sur les limites et sur l'inadaptation de ce concept dans une perspective tant sociolinguistique que linguistique, je renverrai en particulier à M. BANNIARD, *Latin vulgaire ou latin
parlé? Question de nom, question de modèle*, in *CER, Nouvelle Série*, 1999 p. 57-69; P. FLO-

d'évolutions communes aux différentes langues romanes, surtout dans le domaine de la morphologie[9]. Mais une telle présentation repose sur l'idée que les phénomènes décrits sont étrangers au système latin[10]: voici quelques exemples.

1) Formation du passé résultatif.

2) Formation du nouveau futur.

3) Formation du passif analytique.

4) Développement des tournures en [**que + ind.**] dans certaines complétives[11].

Il serait pourtant exact de considérer qu'elles font partie intégrale de l'histoire du latin, mais cela suppose un changement radical de la modélisation et, au-delà, de la représentation sociolinguistique de la période considérée.

Cette modification correspond à un renversement copernicien de perspective, consistant à considérer que ces changements ont surgi comme des

---

BERT, *Le mythe du latin dit «vulgaire»*, in B. BUREAU, C. NICOLAS (éd.), *Moussylanea*, 1998, p. 401-410; R. WRIGHT R., *Speaking, Reading and Writing Late Latin and Early Romance*, in *Neophil.*, t. 60, 1976, p. 178-189. Le pionnier en la matière était G. REICHENKRON, *Historische Latein-Altromanische Grammatik, I Teil: Das sogennante Vulgärlatein und das Wesen der Romanisierung*, Wiesbaden, 1965.

9. Le dossier des discussions serait évidemment épais... En général, les travaux de romanistique diachronique font comme si les datations hautes allaient de soi. On trouvera une mise au point récente dans J. HERMAN, *La transizione dal latino alle lingue romanze*, Tubingen, 1998, où les auteurs s'efforcent d'éviter les pièges d'une périodisation trop arbitraire en tenant compte des apports simultanés de la linguistique latine et romane sans négliger les aspects sociolinguistiques. Le débat commence enfin à s'engager entre les spécialistes de la sociolinguistique diachronique et les romanistes. Ces derniers, tout en prenant acte des apports de celle-ci, peinent à en tirer toutes les conséquences dans la modélisation du changement langagier. On verra en ce sens A. ZAMBONI, *Dal latino tardo agli albori romanzi: dinamiche linguistiche della transizione*, in *Settimana 45*, Spolète, 1998, p. 619-698 et les commentaires de M. BANNIARD, *Le latin mérovingien, état de la question*, in M. PARISSE, M. GOULET (éd.), *Les historiens et le latin médiéval*, Paris, 2001, p. 17-30.

10. Ces principes guident des travaux récents pour le très haut Moyen Age comme ceux de G. SANGA, S. BAGGIO, *Sul volgare in età longobarda*, in E. BANFI (éd.), *Italia settentrionale: croceva dei idiomi romanzi*, Tubingen, 1995, p. 247-260. Invariablement, les éléments qui seront un jour effectivement romans sont analysés comme appartenant à la parole, les éléments qui font figure de formes latines comme relevant d'une écriture sans correspondant dans la réalité vivante. La dialectologie aréale et la sociolinguistique qui offrent pourtant une documentation massive sur les phénomènes d'intercourse et de chevauchements dans la parole vive auraient dû inviter les diachroniciens à plus de circonspection.

11. Pour simplifier, je renvoie aux grands manuels de romanistique cités *supra*. Ces domaines de la morphologie historique ont été enrichis par des études ponctuelles comme celles de JN ADAMS, *Some neglegted evidence for latin habeo with infinitive: the order of the constituents*, in *Trans. of the Philological Soc. (Oxford)*, t. 89/2, 1991, p. 132-196; S. FLEICHMANN, *The future in Thought and Language*, Cambridge, 1982; P. FLOBERT, *Les verbes déponents latins des origines à Charlemagne*, 1975, Paris; H. PINKSTER, *The Strategy and Chronology of the Development of Future and Perfect Tense Auxiliaries in Latin*, in M. HARRIS, P. RAMAT (ed.), Berlin-New-York-Amsterdam, 1987, p. 193-223 & *Some methodological Remarks on Research on Future Tense Auxiliaries in Latin*, in G. CALBOLI (éd.), *Subordination and other Topics in Latin*, Amsterdam, 1993, p. 311-326.

phénomènes non pas allogènes mais endogènes dans l'histoire de la latinité[12]. Dit autrement, cela revient à affirmer que le latin lui-même était porteur en puissance de ces nouvelles formes. Il s'agit non pas de nier que les formes énumérées précédemment aient constitué l'ossature du changement, mais d'introduire de l'historicité dans cette description. Pour le redire d'un autre point de vue, la genèse des formes romanes prend sa source dans un état de la langue parlée où elles sont déjà potentiellement romanes, mais encore fonctionnellement latines. C'est ici je crois qu'il faut introduire le concept de diasystème[13].

Après des tâtonnements, j'ai retenu la définition suivante: structure profonde stable (ou paradigme) par laquelle se définit un ensemble linguistique déterminé, indépendamment de ses variations accidentelles dans l'espace ou dans le temps. Ce diasystème admet un certain champ de dispersion: il permet de définir une structure large à l'intérieur de laquelle se placent les traits de parole qui s'y intègrent. Emprunté à la dialectologie et au structuralisme[14], ce concept me paraît s'appliquer très bien à la langue latine. En effet, il s'agit de considérer cette parole dans sa vie réelle, c'est-à-dire dans son champ variationnel. Je ne parle pas ici de la *variatio* comme catégorie de la rhétorique, mais bien de la variation comme catégorie linguistique. Prenons des exemples précis.

Pour désigner un lieu, les latinophones opèrent une distinction logique universelle entre deux catégories: statique (*ubi*), elle-même subdivisée en **haut/ bas/ dessus/ dessous**; dynamique, elle-même subdivisée en provenance (*unde*)/ but (*quo*)/ passage (*qua*)[15]. Je sélectionne là-dedans la prove-

---

12. Cette orientation a été prise et soutenue dans différentes publications, M. BANNIARD, 1993a, *Latin tardif et français prélittéraire: observations de méthode et de chronologie*, in *BSL*, t. 88, p. 139-162; ID., *Ille et son système: chronologie du développement (IIIe-VIIIe siècle)*, in L. CALLEBAT (éd.), *Latin vulgaire/ Latin tardif IV*, Hildesheim-Zurich-New-York, 1995, p. 313-321; ID., *Ablatif instrumental et cas régime (indirect): sur la restructuration du latin tardif au protofrançais (IIIe-VIIIe s.)*, in *Lalies*, Actes de la session d'Aussois, Presses de l'ENS (Paris), 1995, p. 227-242; ID., *Latin tardif et latin mérovingien: communication et modèles langagiers*, in *REL*, t. 73, 1995, p. 213-230; *Oralité et formes marquées: expressivité et changement langagier*, in *Lingua latina*, 5, *L'oralité en latin (coll. de Paris-IV)*, in CL. MOUSSY éd., Paris, 1996, p. 69-83.

13. On trouvera des justificatifs et des explications complémentaires dans M. BANNIARD, *Diasystèmes et diachronies langagières du latin parlé tardif au protofrançais IIIe-VIIIe s.*, in J. HERMAN, éd., *La transizione*, p. 131-153 & *Délimitation temporelle entre le latin et les langues romanes*, in MD GLESSGEN (éd.), *Handbuch der romanischen Sprachwissenschaft*, Tübingen, sous presse.

14. On le rencontre également, fût-ce de façon implicite, en phonétique et en phonologie où le concept de phonème est associé à celui de trait pertinent, lui-même admettant dans sa réalisation effective dans la chaîne parlée un certain champ de dispersion d'un locuteur à l'autre, voire d'un énoncé à l'autre chez un même individu. Tant que la réalisation du phonème se place dans certaines limites à l'intérieur de ce champ de dispersion, le phonème garde ses propriétés de discrétion. Il reste identifiable par l'autre.

15. L'exposé de référence se trouve naturellement dans M. LEUMANN, JB HOFMANN, A. SZANTYR, *Lateinische Syntax und Stylistik*, Munich, 1965 (réed.), très intelligemment repris et

nance et le but. Dans la perspective du diasystème, on évitera de hiérarchiser les tournures qui expriment ces relations en suivant la logique trop souvent mise en œuvre, même de façon implicite, dans les travaux de linguistique diachronique, à savoir une répartition faite entre «normal/ normé» et «anormal/ non normé». Ainsi la provenance peut s'exprimer de quatre manières différentes:

    1) [**Ablatif**][16]; 2) [**a/ ab** + abl.]; 3) [**e/ ex** + abl.]; 4 [**de** + abl.][17].

Le but peut s'exprimer lui aussi de quatre manières:

    1) [**Accusatif**]; 2) [**Datif**]; 3) [**ad** + **accusatif**]; 4) [**in** + **accusatif**].

Dans une perspective normative, la variation entre ces différentes tournures est presque classée par les grammairiens en deux catégories:

    1) Tournures correctes (littéraires/ classiques);
    2) Tournures incorrectes (vulgaires/ déviantes).

Or, si paradoxal que ceci puisse paraître, ce type de classification est à la base de nombreux travaux de linguistique diachronique[18]. Cette modélisation

---

complété par A. ERNOUT, F. THOMAS, *Syntaxe latine*, Paris, 1964. Je dois beaucoup aux multiples remarques, commentaires, exemples fournis dans ses deux volumes de recueil par E. LÖFSTEDT, *Syntactica*, t. 1 (deuxième éd.), Lund, 1942; t. 2, Lund, 1933. On trouvera en outre, quoique sur des principes différents, une voie d'approche originale dans P. DE CARVALHO, *Cas et prépositions en linguistique latine et en linguistique théorique*, in H. ROSÉN (éd.), *Aspects of latin*, Innsbruck, 1996, p. 233-258.

16. Type: *Roma profectus* («parti de Rome»), mais aussi *aqua exsurgens* («surgissant de l'eau»). L'ablatif est seul. D'un point de vue topologique, le morphème d'ablatif est suffixé au substantif qu'il pilote. Cette tournure non prépositionnelle, qui remonte à un état archaïque de la langue, se rencontre naturellement plutôt en poésie.

17. Ces tournures associent des prépositions au cas ablatif dans des contextes qui peuvent être distincts. Je laisse de côté arbitrairement des analyses plus fines telles notamment que les a mises en place la pragmatique de H. PINKSTER, *Latin syntax and semantics*, Amsterdam, 1980. De même, les fréquences d'emploi sont évidemment différentes et évolutives en diachronie. L'important est d'insister sur l'existence de ces potentialités au cœur du système.

18. Cette constatation va quasiment de soi pour qui fréquente les travaux des philologues, latinistes ou romanistes. Il faudrait un jour consacrer une étude à cette spécificité qui conduit des linguistes, pourtant éclairés, à parler de «latin dégénéré» dans le cas de la langue courante parlée par les locuteurs de l'époque mérovingienne, comme M. PERRET, *Introduction à l'histoire de la langue française*, Paris, 1998, p. 34. On verra des exemples précis des inconvénients de cette modélisation *a priori* dans des études par ailleurs bien documentées et intéressantes comme celles de S. LAZARD, *Quel sens donner à la variation de l'ordre des mots dans la Theodoriciana?*, in R. LORENZO (éd.), *Actas do XIX congreso internacional de lingüística e Filoloxía romanicas*, t. 5, A Coruña, 1993, p. 699-709; ID., *Indices de la langue parlée à Ravenne au VIe siècle à travers le témoignage des chartes*, in J. HERMAN, J. WÜEST (éd.), *La fragmentation linguistique de la Romania, Actes du XXe congrès de ling. et phil. rom.*, t. 2, 1993, Tubingen, p. 392-401; ID., *Cas et prépositions dans les écrits documentaires d'Italie et de France entre le VIe et le Xe s.*, in *SLI*, t. 39, *Sintassi storica*, 1998, p. 167-182. L'ordre des mots «naturel» est constamment présenté comme celui (établi par les spécialistes du latin vulgaire) VO (Verbe Objet); la langue écrite «résiste à l'usage des prépositions»; l'emploi des prépositions crée une syntaxe plus facilement compréhensible…

est à l'origine de l'invention au siècle passé du concept de latin vulgaire et de son redéploiement plus récent sous la forme du concept de diglossie.

Mais elle n'est pas satisfaisante d'un triple point de vue.

1] Du point de la linguistique générale, et de la sociolinguistique moderne, on ne voit guère fonctionner *in vivo* une parole sur le mode d'une division aussi massivement binaire. La parole collective (le langage) s'organise plutôt selon le principe d'interférences multiples, de champs de dispersion, de nébuleuses communicationnelles, etc...

2] Du point de vue de l'histoire interne du latin, il laisse en place l'exception si embarrassante des multiples écarts que les professeurs de grammaire de l'Antiquité constatent dans la langue littéraire et qu'ils concèdent aux poètes sous des vocables divers comme «licence poétique, métaplasme», etc[19]... C'est-à-dire que le clivage culturel introduit par les distinctions normatives se heurte à la variabilité de la langue réelle qui se fait non dans la discontinuité, mais dans la continuité[20]. Nommer autrement les mêmes faits de langue en fonction de la catégorie littéraire dans laquelles ils apparaissent revient à masquer des faits de la parole commune sous des représentations rhétorico-poétiques[21].

3] Du point de vue de la sociolinguistique diachronique, toute répartition binaire du type littéraire/vulgaire ne permet pas de répondre correctement à la question de la longue vie de la communication latinophone. La solution proposée pour résoudre cette contradiction en appliquant aux siècles de transition le concept de diglossie[22] est trompeuse dans la mesure où cette modélisation n'est, en définitive, que la projection sur un plan diachronique exagérément étiré du concept, lui-même par trop réducteur, de latin vulgaire[23]. En réalité le fonctionnement efficace d'une Communication Verticale latinophone jusqu'au VIIIe siècle ne saurait être expliqué au prix d'un

19. Sur cette notion de grammaticalité, on dispose des travaux de F. CHARPIN, *L'idée de phrase grammaticale et son expression en latin*, Paris, 1977, et de M. BARATIN, *La naissance de la syntaxe à Rome*, Paris, 1989.

20. Je veux dire qu'il n'y a aucun seuil de rupture entre les champs de parole, du spontané dynamique au concerté retenu. Aucune langue vivante ne se laisse saisir dans des boîtes séparant ses réalisations. Cela n'illégitime évidemment pas un travail de repérage, d'étiquetage et de classification; mais il ne peut respecter le réel vivant qu'au prix d'un gros effort de complexité.

21. Que les intellectuels de l'Antiquité se soient arc-boutés sur des murs destinés à repousser la réalité de la parole a bien été établi par R. KASTER, *Guardians of language*, Berkeley, 1988. Ils ont eu des successeurs doués comme Laurenzo Valla, l'inventeur du «latin classique» au XVe siècle, dont l'œuvre a été commentée par J. CHOMARAT, *Grammaire et rhétorique chez Erasme*, Paris, 1981.

22. Sur ce débat, cf. M. BANNIARD, *Viva voce*, p. 505 sqq.

23. On gagnerait beaucoup à relire les pages nuancées et prudentes qu'avait écrites dans une introduction magistrale à un des ouvrages pionniers de la romanistique H. SCHUCHARDT, *Der Vokalismus der Vulgärlateins*, 1-3, Leipzig, 1866-1868, p. 44-103.

recours systématique à la notion de diglossie[24]. Pour qu'une communication verticale fonctionne, l'écart langagier entre émetteur et récepteur doit être suffisamment limité[25].

En conséquence, on préférera une modélisation différente qui admettra que les différentes tournures évoquées ci-dessus appartiennent toutes au système de la langue latine, ou plutôt à son diasystème. Le complément de but est exprimable dans la structure globale de la langue des quatre façons différentes énumérées. On ne mettra pas au compte de différences entre deux langues l'apparition de l'une ou de l'autre de ces tournures, mais on considèrera que leur insertion dans l'énoncé dépend d'un faisceau de facteurs multiples se situant à différents niveaux: appartenance culturelle de l'énonciateur/ contexte immédiat d'énonciation/ motivations internes de l'émetteur…/ arbitraire littéraire/ arbitraire juridique… Je me garderai de tenter d'inventorier une causalité totalisante de la production d'énoncés. Mon seul but est de montrer qu'elle déborde totalement la classification traditionnelle des romanistes[26]. Cela conduit à deux postulats complémentaires:

1] Le changement langagier n'est pas uniquement le produit de l'évolution de la langue dite vulgaire.
2] Il s'origine tout autant dans la langue dite littéraire.
En fait, dans cette perspective, une telle distinction perd son sens. La modélisation sera reformulée différemment en ces termes:

---

24. L'étude qui a pour la première fois proposé une interprétation diglossique des IIIᵉ-VIIIᵉ siècles est celle d'H. LÜDTKE, *Die Entstehung romanischer Schriftsprachen*, in *VR*, t. 23, 1964, p. 3-21. Cette présentation est devenue ensuite un *topos* de la romanistique, en dépit de toutes les critiques dont le concept même de diglossie a fait l'objet à propos de langues modernes étudiables *in vivo*, comme chez G. DRETTAS, *La diglossie, un pélerinage aux sources*, in *BSL*, t. 76, 1981, p. 61-98.

25. Cet aspect est souvent négligé. Pourtant, la notion d'intercompréhension joue un grand rôle dans les études de sociolinguistique… et d'ethnographie, comme on le voit, entre autres, chez LJ CALVET, *Les langues véhiculaires*, Paris, 1981 et *La guerre des langues*. L'écart entre la langue de l'émetteur et la langue du récepteur dans le cas de la CV verticale des IIIᵉ-VIIIᵉ siècles ne peut dépasser des bornes qui feraient de ces deux langues des entités étrangères l'une à l'autre. Un écart de niveau culturel ne saurait se traduire en terme d'irréductibilité langagière. Un très bel exemple de cette réalité est donné par la prédication d'Augustin que j'ai tenté de regarder de près *in situ* dans M. BANNIARD, *Variations langagières et communication dans la prédication d'Augustin.*, in G. MADEC (éd.), *Augustin prédicateur (395-411)*, Paris, 1998, p. 73-93. Le latin parlé par Augustin est accessible à l'étude moderne (il a été noté à la volée) et compréhensible par les illettrés (leurs réactions sont également perceptibles): il s'agit bien d'une communauté de latinophones.

26. La bibliographie de cette question relève en fait de la bibliographie du changement langagier en général, que je me garderai d'aborder ici, en renvoyant simplement aux essais que j'avais rédigés sur le sujet, M. BANNIARD, *Latin tardif et latin mérovingien*; ID. *Oralité et formes marquées: Diasystèmes et diachronies langagières du latin parlé tardif au proto-français*.

1] L'évolution du latin s'origine dans le dynamisme interne de la parole latine construite, héritée, exprimée, transmise par la communauté de ses locuteurs.

2] A l'intérieur de ce champ évolutif dynamique se produisent des fluctuations et des interactions sous l'effet des facteurs différentiels sociaux, culturels, régionaux, individuels, etc...

3] Cela signifie que les fameuses licences poétiques de, disons, la poésie d'époque classique, comme certaines particularités du latin tardif doivent être imputées non à l'intrusion de la parole ordinaire dans le jardin à la française de la latinité, mais au contraire comme l'expression des potentialités du diasystème.

3. Innovations dans et par la langue littéraire

Une telle réorientation interprétative vise à faire sortir l'histoire de la langue latine du champ trop subjectif des catégories littéraires. A terme, cela revient à proposer la déconstruction du latin dit classique, du moins dans la perspective arbitrairement normative sous laquelle il continue de servir de référence: l'effacement de la catégorie «vulgaire» exige celui de la catégorie «littéraire/ classique», l'ensemble étant appelé à s'intégrer dans le concept de latinophonie, voire d'«hyperlangue latine». Quelques échantillons éclaireront la nature de ce nouveau concept et ses conséquences en linguistique diachronique.

En Latin Parlé Classique, les phrasèmes bâtis sur une séquence

[**adj. (régissant) + Sv, inf. (régi)**],

du type «habile à parler», «résolu à continuer», «digne de commander», «prêt à combattre» sont certes exprimés avec des séquences du type

a) [**adj. + PSRel., SV subj**] (*dignus qui imperet*).
b) [**adj. + SV, gérondif**] (*peritus dicendi*).
c) [**adj. + Prép. + SV, gérondif**] (*homo ad agendum natus*).

Ces séquences ne sont pas directement à l'origine des séquences romanes, puisque le phrasème y est exprimé avec un outillage grammatical différent. Ce dernier ne remonte pas pour autant à une variété vulgaire de l'énoncé. On lit en effet chez les poètes classiques des tournures comme:

> ...*Numero plures, uirtute et honore minores,// indocti stolidique et depugnare parati*[27]...
> «Supérieurs en nombre, inférieurs en mérite et en dignité, sans instructions, bornés et prêts à en découdre...»

27. HOR., *ep.* 2, 184-185.

On ajoutera donc à la liste précédente cette variante:

   [**adj. + SV, inf.**] (*paratus pugnare*)

Au moment où Horace, dans un emportement diatribique contre le mauvais
goût de la foule, la fait surgir dans son poème, il exprime une potentialité
du latin de cette époque et d'une certaine façon il crée cette tournure. C'est
évidemment cette dernière qui demeurera beaucoup plus tard dans les
langues romanes, sans toutefois que l'on néglige le travail de la communauté des locuteurs pour construire ce nouveau phrasème. En effet, la tournure [**Adj. + Prep. + SV, gérondif**] et celle [**Adj. + SV, inf.**] ont été croisées pour construire une séquence où un médiateur morpho-syntaxique
pilote la rection du verbe par l'adjectif [**Adj. + Prep. + SV, inf.**]. Cette évolution s'est produite de manière fluctuante, comme on pouvait s'y attendre,
puisque même en très ancien français ce phrasème n'est pas encore automatiquement bâti avec la préposition.

   Le latin tardif est justiciable d'observations parallèles. Un autre grand
spécialiste de la diatribe, mais cette fois chrétienne, Tertullien, a créé ainsi
des quantités d'énoncés qui contribuent à l'élargissement du diasystème
latin. On a trouvé chez lui de nombreuses occurrences de tournures en
[**habere + inf.**], qui émergeront, une fois grammaticalisées beaucoup plus
tard, sous la forme d'un nouveau morphème de futur[28]. Loin d'être des vulgarismes, elles sont la manifestation créatrice d'un esprit bouillonnant… et
agressif. Leur surgissement est lié à d'importants changements dans le rapport au temps de la collectivité des locuteurs, dans la mesure où la nouvelle
religion tente de s'approprier la maîtrise du «temps du salut»[29]. Son
triomphe final est à la fois annoncé et reflété par le succès de ce phrasème
neuf pour dire le futur, sans qu'il soit possible de départager la parole illet-
trée et la parole lettrée, tant pour sa création que pour sa promotion[30].

   La langue de Tertullien a fait l'objet d'importantes études[31], sur lesquelles nous pouvons nous appuyer pour réétudier ses modes énonciatifs,
mais cette fois à la lumière d'une modélisation neuve. Quelques citations

---

   28. Les relevés ont été établis par M. KOOREMAN, *The expression of obligation and neces-
sity in the works of Tertullian: the use of Habere + infinitive, Vrus esse, and the gerundive*,
in L. CALLEBAT (éd.), *Latin vulgaire, latin tardif IV*, New-York, Hildesheim, 1995, p. 383-
394.
   29. On trouvera un dossier sur ce sujet dans M. BANNIARD, *Les verbes de modalité en
latin mérovingien*, in CL. MOUSSY (éd.), *Les verbes de modalité en latin (colloque de Paris
IV, Juin 1998*, in *Lingua latina*, sous presse.
   30. Conformément à la thèse soutenue ici, on trouve des exemples plutôt nombreux de ce
phrasème annonciateur du nouveau futur chez les plus grands auteurs tardifs dans des
contextes où son emploi est, sinon prédictible, du moins logique. J'ai procédé à des relevés
dans M. BANNIARD, *Variations langagières et communication dans la prédication d'Augustin
& Niveaux de langue et communication latinophone d'après et chez Ambroise*, in LF PIZZO-
LATO (éd.), *Nec timeo mori, Atti del cong. int. di studi ambrosiani*, Milan, 1998, p. 513-536.
   31. Je me bornerai à E. LÖFSTEDT, *Zur Sprache Tertullians*, Lund, 1921; C. MOHRMANN,
Observations sur la langue et le style de Tertullien, in *Etudes sur le latin des chrétiens*, t. 2,
Rome, 1961, p. 235-246; JC FREDOUILLE, *Tertullien et la conversion de la culture antique*,
Paris, 1972 (pour le cadre rhétorique du style de Tertullien).

permettront de décrire comment les lettrés ont apporté «par le haut» leur contribution à la reconstruction langagière en LPT1. Je prends un passage — célèbre chez les patristiciens et chez les historiens de l'Antiquité Tardive — d'un libelle où Tertullien prend énergiquement la défense d'un soldat chrétien qui a refusé les honneurs militaires en s'exposant ainsi volontairement au martyr[32].

Idem grauissimas paenulas posuit,... speculatoriam morosissimam de pedibus absoluit,... laurea et de manu claruit. Et nunc,... calciatus de Euangelii paratura,... totus de apostolo armatus et de martyrii candida melius coronatus, donatiuum Christi in carcere expecat.... Nec dubito quosdam scripturas emigrare, sarcinas periclitari, fugae accingi de ciuitate in ciuitatem. Noui pastores eorum: in pace leones, in proelio ceruos[33].

«Il déposa son trop épais manteau de soldat,... détacha de ses pieds ses trop encombrantes chaussures,... et s'illumina de sa main couronnée. Et voici que... chaussé de la parure évangélique, tout entier armé de l'apôtre et mieux couronné de la blancheur du martyr, il attend en prison la prime du Christ... Et je ne doute pas qu'il y en aurait pour déménager les Ecritures en s'équipant pour fuir de cité en cité. Je connais leurs pasteurs: lions pendant la paix, biches à la guerre».

Je propose quelques éléments d'analyse[34].

1] Le contexte est très tendu. Tertullien fait sur un ton péremptoire l'éloge d'une conduite d'extrémiste. Emporté par sa conviction, il déroule une tirade oratoire intense.

2] Les particularités langagières sont imprimées en gras. Trois éléments attirent l'attention du linguiste:

a) Les emplois de *de* soit à la place d'autres prépositions, soit au lieu de l'ablatif seul;
b) La rection directe de l'infinitif par *dubito*;
c) Le renforcement prépositionnel des ablatifs (*in*).

3] Ces particularités sont qualifiées avec insistance de «préromanismes» par les commentateurs. Ils sont en outre placés comme des intrus vulgaires dans ce texte littéraire[35].

4] Cette interprétation n'est recevable qu'au prix d'une conclusion péjorative: Tertullien n'aurait-il pas su se tenir langagièrement[36]?

---

32. Cette attitude extrémiste était réprouvée par l'Eglise. Toute l'affaire est présentée et commentée en détail dans l'édition qu'a procurée J. FONTAINE, *Tertullien, De corona*, Paris, 1966.

33. TERT., *De corona*, 1, 3-5.

34. L'éditeur J. Fontaine cité *supra* a établi dans les notes infrapaginales un commentaire abondant et minutieux de ces lignes, sur lequel je m'appuie.

35. Ces commentaires sont repris et résumés dans les notes infrapaginales de l'édition référencée.

36. Pas plus, dans le fond, qu'il n'aurait été capable d'être raisonnable dans ses choix éthiques. On voit comment la «faute» contre le «bon» latin coïncide dans cette perspective avec un errement contre l'humilité et la discipline. Si l'exagération orgueilleuse de l'auteur

5] Mais toute sa formation intellectuelle et rhétorique dément une telle hypothèse. De plus, les fragments que je monte en épingle apparaissent dans un langage de haut niveau et d'excellente tenue[37].

6] Il sera donc bien plus cohérent de conclure que ses particularités sont le produit non du relâchement stylistique, mais au contraire de la tension énonciative. A ce titre, leur classement sous la rubrique des vulgarismes et des préromanismes est injustifié. Elles expriment en réalité des potentialités du diasystème, dont elles sont la manifestation soignée, dynamique et solennelle, exactement comme chez Horace ou chez Virgile[38].

On ne conclura pas de ce rapprochement entre Horace ou Virgile et Tertullien à l'immobilisme du système. Certes, ces innovations ont le même statut dans l'activité énonciatrice en LPT1 qu'en LPC. Mais leur nature évolue et leur fréquence augmente: leurs probabilités d'apparition dans les énoncés allant croissant, leur signification linguistique tend à se modifier. En effet, si elles ne détruisent pas le diasystème latin, elle l'élargissent et, à terme, elles le déboîteront[39]. Pour le dire autrement, le latin génère lui-même sa propre mutation.

Cette modélisation entraîne en cascade plusieurs corollaires.

1] Les acteurs du changement ne sont pas à chercher dans des catégories ni sociales, ni régionales, ni ethniques des locuteurs. Il faut absolument distinguer le changement de type de langue, du latin au roman, fruit de l'évolution collective de la parole latine et la variation dans la réalisation du type. Cela revient à dire qu'on ne peut se satisfaire d'expliquer à l'envers, comme on le fait trop souvent, en partant de la fragmentation pour rendre compte de la mutation.

2] Les interactions communicationnelles transgénérationnelles pilotent le rythme du changement. Les formes innovantes ne chassent pas d'emblée les formes héritées. Des îlots de cohabitation préludent à des stades de généralisation qui entraînent l'établissement de polymorphismes transitoires ou durables.

3] Précisément, les formes traditionnelles commencent par perdurer, les zones de résistance n'étant pas prédictibles. Une modélisation qui admet que l'innovation peut surgir de la parole créatrice des lettrés admettra aussi bien que la conservation peut être le fait de la viscosité des habitudes des illettrés.

---

est manifeste au niveau moral, c'est par un glissement arbitraire qu'on impute ses effets de style à un manque de tenue du même ordre.

37. Sur le haut niveau intellectuel de Tertullien, on se reportera à JC FREDOUILLE, *Tertullien et la conversion* (qui donne l'ample bibliographie requise sur ce point).

38. On trouvera des propositions sur cet aspect de la syntaxe de Virgile dans M. BANNIARD, *Expressivité et changement langagier*.

39. D'un autre point de vue (sans doute trop téléologique) on pourrait soutenir qu'elles l'accompliront.

4. Rémanences séculaires

Cette modélisation du changement langagier met en exergue trois caractères:

a) Les modifications qui ne sont pas des épiphénomènes, mais correspondent à des modifications durables sont motivées par des causes non pas négatives (ratages), mais positives (investissement du sujet).

b) Elles impliquent un stade de polymorphisme intense où les formes en devenir et les formes en déclin s'entrecroisent.

c) Elles traversent toutes les couches sociales et culturelles[40].
Ces trois constantes impliquent un corollaire:

d) Une partie des formes anciennes qui ne sera pas conservée dans le nouveau type de langue ne sera abandonnée que tardivement, et, sous certaines conditions, elles perdureront jusque dans le stade archaïque de la nouvelle langue. Ces formes rémanentes sont la projection en synchronie sur la nouvelle langue émergente de la métamorphose des entrelacs de formes qui caractérisent en diachronie le stade intermédiaire (ici, le LPT2).

C'est précisément ce qu'une prise en compte de nombreuses traces en AFC littéraire attestées dans les grands textes[41] donne à penser à deux conditions:

1] Considérer qu'elles sont non des rémanences accidentelles, mais au contraire la manifestation du principe même de la réalité langagière (cas du fameux ordre OV{S}, par exemple[42]).

2] Postuler que leur part dans la langue augmente en remontant le fil du temps vers l'amont latin, puisque la modélisation proposée affecte non la forme d'un puits aux dimensions fixes, mais au moins d'un cône (ou de toute figure non linéaire, comme un tore) aux dimensions variables, le cône des innovations et le cône des conservations s'installant en position inversée, emboîtés l'un dans l'autre (la parole est continue en diachronie)[43].

---

40. On trouvera une systématisation de ce modèle dans M. BANNIARD, *Délimitation temporelle entre le latin et les langues romanes* (cf. n. 13).

41. On peut en prendre conscience dans des grammaires perspicaces comme celle de L. FOULET, *Petite syntaxe de l'ancien français*, Paris, 1965. Mais le dépouillement des monuments eux-mêmes est indispensable. Là aussi, comme dans le cas du LPC et du LPT, ce sont les textes majeurs, placés au cœur de la civilisation (et non les textes mineurs ou marginaux) qui sont éclairants.

42. Il est largement attesté en AFC. Cette disposition, loin d'être, comme on l'a affirmé, un «résidu» (CL. BURIDANT, *Résidus de l'ordre OV{S} en ancien français*, in *Romania*, t. 108, 1987, p. 20-65), appartient pleinement au diasystème de l'AFC (C. MARCHELLO-NIZIA, 1995, *L'évolution du français. Ordre des mots, démonstratifs, accent tonique*, Paris, 1995).

43. Une telle représentation revient à raisonner en termes réellement diachroniques, c'est-à-dire à historiciser les étapes de la genèse du nouveau type de langue.

Je ne m'attarderai pas sur ce dernier point, mais de même que du côté de l'amont latin, on détecte dans les énoncés même littéraires des briques primordiales avec lesquelles se construira le nouveau type, de même, vers l'aval roman, dans sa partie la plus archaïque, on retrouve, eux aussi attestés dans les grands textes littéraires des briques, cette fois vénérables, d'énoncés latins. En voici un exemple[44]:

Drois emperedes, trop feïs grand folaige//
quant ton neveu donnas tel eritaige,//
et d'autrui terre l'onnor et le fieage[45]

«Juste empereur, tu t'es laissé aller à n'importe quoi
en faisant cadeau à ton neveu d'un pareil héritage,
la garde et la maîtrise d'une terre qui appartient à quelqu'un d'autre».

Le Cas Régime Indirect est synthétique (non prépositionnel) au v. 719. De plus, l'ordre des blocs de morphèmes est dans ce vers:

[**Conj. Sub. <caus.> + SN1, CRI <Datif> + SV + SN2, CRD**].

Les traits particularisants de cet énoncé sont entrelacés: à l'emploi d'une tournure casuelle synthétique s'ajoute un ordre des mots «à l'ancienne», puisque le datif précède le verbe qui le régit. On reconnaîtra aisément là un phrasé pluriséculaire. Un spécialiste habitué à lire des textes du VIIIe siècle y discerne aisément les habitudes énonciatives de cette époque. Je crois pouvoir m'enhardir à proposer une rétroversion en latin «virtuel» du VIIIe siècle, d'abord en graphie réformée carolingienne[46]:

[LPT2, **quando tuo nepoti donauisti talem heretaticum**]

Puis en graphie mérovingienne, antérieure à l'*emendatio* carolingienne:

[LPT2, **quando tuo nepote donasti tale heredatgo**]

En prenant les mots terme à terme, le phrasé du LPT2 et celui de l'AFC se superposent. Une telle lecture implique de considérer uniquement l'organisation globale de l'énoncé, en rendant transparentes les différences phonétiques entre la parole du VIIIe siècle et celle du XIe (mais la question du rapport graphie/phonie en LPT2 n'est pas simple), et en minorant les divergences morphologiques. Mais, même en faisant la part du feu de ce côté-là, c'est-à-dire en admettant que les processus de décodage du message diffèrent partiellement entre le VIIe/VIIIe siècle et le XIe, le déroulement de l'énoncé, dans le positionnement de ses blocs morphologiques, est sem-

---

44. L'étude complète est encore à mener. Les passages que je cite ont été rapidement inspectés par M. BANNIARD, *Blocs archaïques dans la syntaxe de Raoul de Cambrai*, in *Champs du signe*, t. 10, p. 11-19.

45. *Raoul de Cambrai*, éd. S. KAY, W. KIBLER, *Lettres gothiques*, Paris, 1996, v. 718-720.

46. La bibliographie de ces questions est donnée dans M. BANNIARD, *Viva voce*, chap. 6 et 7 et dans R. WRIGHT, *Late latin and early romance*.

blable. La différence (postulée par le modèle) est qu'il est fréquent en LPT2 (non marqué), alors qu'il est rare en AFC (marqué), récupéré pour structurer l'énoncé en style épique.

5. Plasticité innée, plasticité acquise

A la question d'une éventuelle particularité du latin pour expliquer son succès comme langue de communication en Occident Latin, on pourrait invoquer d'abord sa malléabilité comme système, ou plutôt précisément comme diasystème. Contrairement aux apparences trompeuses qu'a données une approche de l'histoire du latin trop appuyée sur les canons de la *grammatica* et du «bon goût» littéraire, la parole latine de l'époque classique était protéïforme, sans que des partages nets existassent entre ses différents niveaux, domaines, productions, etc... Il existait une parole latinophone pleine de vitalité et de variabilité. Cela explique qu'une partie des auteurs lettrés aient fait tous leurs efforts pour extraire de cette nébuleuse indistincte un système langagier qui marque leur différence — et leur supériorité. Et cela a été une opération difficile, tous les maîtres de la bonne langue manifestant, par leur acharnement à faire un tri dans la parole commune, que l'art de la distinction a requis un gros effort culturel de la part de ces intellectuels désireux de se dégager du commun. Le célèbre aphorisme *odi profanum uulgus et arceo* manifeste combien la parole latine est un bien commun...qu'il est très difficile de ne pas partager. Au commencement n'était pas le latin littéraire dont serait issu par dégradation le latin «vulgaire»; au commencement était la latinophonie d'où s'est efforcée de s'arracher la minorité des puristes. Comme je le soulignais précédemment, cet arrachement n'a pu se produire qu'au prix de l'exercice d'un arbitraire que les poètes et les prosateurs eux-même n'ont pu que trahir. La division entre *métaplasmes* (acceptables) et barbarismes (haïssables) ne fut que le masque de ce jeu de cache-cache entre l'exclusion autoritaire et l'inclusion complice, toutes deux réservées à une caste.

Partant donc non d'une latinité figée par l'effet d'une illusion d'optique, mais d'une latinophonie dynamique, on est plus à l'aise pour comprendre et le succès de son implantation sur un vaste espace géographique et la dynamique interne de son évolution. Cette malléabilité rend également bien compte du double effet de la christianisation massive qui commence avec le LPT1: on ne saurait sous-estimer à quel point elle a favorisé le développement d'une seconde onde de latinisation, se développant sous l'aspect de multiples actions et réactions entre les forces innovantes (mais se diffusant de manière globale) et les forces conservatrices (elles aussi se manifestant selon des chemins centripètes)[47]. Du IIIᵉ au Vᵉ voire

47. On pourra se reporter au dossier et à la bibliographie réunis en ce sens par M. BANNIARD, *Action et réaction de la parole latinophone: démocratisation et unification (IIIᵉ-Vᵉ siècle).*

au VIe siècle, la latinophonie tardive est traversée de multiples interactions communicationnelles tant horizontales que verticales, qui contribuent à consolider l'unité de l'évolution. Le diasystème de la latinophonie tardive accomplit une partie des innovations déjà préparées par celui du LPC. Entendons-nous: la parole chrétienne infléchit certaines évolutions, certains choix, mais elle ne crée pas le dynamisme typologique qui pilote cette métamorphose.

Ces siècles sont par là même un âge de compromis entre les innovations et les conservations, les compétences actives et les compétences passives des locuteurs étant alors aussi intensément sollicitées que leurs convictions, leurs croyances et leurs refus. Sans entrer dans une modélisation détaillée de la phase finale de la métamorphose de la latinophonie en romanophonie, je suggère tout de même que ce procès est issu de la solution d'un conflit interne entre les capacités mémorielles des locuteurs et leur désir d'assurer leur confort langagier. En effet, le maintien d'une communication latinophone intense aux IIIe-VIe siècles a eu un prix, dont le coût et l'efficacité, mais aussi les limites et la fragilité ont été mis en jeu sous l'effet de trois facteurs:

1] Souplesse du diasystème latin qui accepte d'abord des variantes internes (LPC/ LPT1), puis déplace son centre de gravité (LPT1/ LPT2).

2] Souplesse anthropologique au niveau de la communication latinophone qui est préservée de manière transculturelle et transgénérationnelle.

3] Raideur de la compétence passive qui ne peut accepter une surcharge indéfiniment étendue, limite mise à rude épreuve par le développement de nouvelles formes qui tendent à chasser les anciennes, lesquelles finissent par ne plus survivre qu'au titre de «mémoire morte».

On peut considérer qu'en LPT2, la surcharge formelle impose que s'opère un tri, un élagage. C'est bien ce qui se passe lors de la phase finale aboutissant à la mise en place d'un diasystème désormais différent (PF).

Cette modélisation rend compte de la métamorphose du type latin en type roman. Elle ne donne évidemment pas d'explication sur la réalisation de ce type sous des vêtements différents, autrement dit sur la variation géographique. A mes yeux, et vue de Sirius, cette fragmentation est avant tout phonétique: il me paraît difficile de pouvoir faire pour cette catégorie descriptive l'économie d'hypothèses sur des interférences multiples, de type [substrat/ superstrat/ adstrat]. Mais il convient là aussi d'historiciser cette évolution selon trois règles:

1] Quel que soit le vêtement phonique, le type grammatical de toutes les langues remonte aisément au diasystème d'une latinophonie.

2] Les conditions de l'évolution phonétique ont été influencées non seulement par la phase initiale d'implantation (première latinisation), mais aussi par la seconde phase d'implantation (seconde latinisation par la christianisation).

3] Leur développement doit être analysé selon des principes de type chaotique[48] où des états initiaux comportant des différences infinitésimales génèrent à terme des modifications amples, ce qui, encore une fois, implique d'historiciser l'évolution.

Il me semble en définitive que, contrairement aux apparences, le LPC représentait un état d'équilibre tout à fait provisoire et instable dans l'histoire longue de ce type de langue, autrement dit que son diasystème fonctionnait de manière ouverte, déjà prêt aux innovations, aux assouplissements, aux compromis. Le très large usage des prépositions qui est, il faut y insister, une création de la latinité classique, ouvrait la voie à un système d'alternance {avec/ sans}, lui même concurrencé rapidement par un système de redondances {avec cas + avec préposition}. La voix passive offrait déjà à l'*imperfectum* la solution d'une forme analytique. La voix déponente conduisait aux choix d'une conjugaison en *est* des verbes intransitifs, etc... La sélection arbitraire opérée par les puristes n'a pas empêché la créativité langagière de s'exprimer partout, notamment en poésie. La christianisation est alors venue jouer un rôle puissant de catalyseur dans l'exigence de la mise en place de compromis sur de vastes étendues et dans de larges couches sociales[49]. Le développement de la latinophonie s'en est trouvé réunifié pour plusieurs siècles, cette fois-ci grâce à des aptitudes acquises dans l'Antiquité Tardive[50].

Explicit Feliciter.
Fornex 18.1.2001
Michel BANNIARD
Université de Toulouse II

Abstract

Fewer studies have been made of Latin as a language of communication than as the mothertongue of the Romance languages, and diachronic research on Latin and Romance languages has hitherto used, to describe and explain the evolution of

48. La recherche de modèles non linéaires et non binaires a conduit certains linguistes à s'intéresser aux nouveaux concepts de systèmes dynamiques non linéaires (chaos déterministe) décrits dans des ouvrages d'accès commode comme P. BERGÉ, Y. POMEAU (éds.), *Le chaos*, Dossier de *Pour la science*, 1, Paris, 1995; J. GLEICK, *La théorie du chaos. Vers une nouvelle science*, Paris, 1991; H. PEITGEN, P. RICHTER, *The Beauty of Fractals, Images of Complex Dynamical Systems*, Berlin-Heidelberg-New York-Tokyo, 1986; I. STEWART I., *Dieu joue-t-il aux dés? Les nouvelles mathématiques du chaos*, Paris, 1994.
49. Ces aspects ont été étudiés dans un volume de synthèse, E. CHRYSOS, I. WOOD (éd.), *East and West: Modes of Communication*, Leyde-Boston-Koln, 1999.
50. Cette représentation exclut toute interprétation de la genèse des langues romanes en termes de créolisation. On verra les pertinentes remarques en ce sens de J. KRAMER, *Sind die romanischen Sprachen kreolisiertes Latein?*, in *ZRPh*, t. 115, 1999, p. 1-19.

Latin into Romance, theories which do not take adequate account of the complexity of the phenomena involved in a living language spoken by a community. In the light of evidence provided by diachronic sociolinguistics, which recognizes the vital importance of communication and speech, this article challenges the traditional models used to describe the change as being based on oversimplified binary oppositions which fail to do justice to the rich fabric of Latin, and puts forward a set of more complex representations which take into account the positive and dynamic factors in the transformations. This reappraisal thus provides a more satisfactory approach to Latinophonia, whose early flexibility and fluidity have endowed it with the extensive outward expansion well known today.

Abréviations/Terminologie

CRD: *Cas Régime Direct*
CRI: *Cas Régime Indirect*
HL: *High Level* (niveau éduqué)
LL: *Low Level* (niveau spontané)
LPC: Latin Parlé d'époque Classique [-200 / + 200]
LPT: Latin Parlé Tardif [IIIe-VIIe siècle]
LPT1: LPT de phase 1 [IIIe-Ve siècle] (LPT «impérial»)
LPT2: LPT de phase 2 [VIe-VIIe s.] (LPT «mérovingien» en Gaule; «gothique» en Espagne; «lombard» en Italie).
PR: Protoroman (VIIIe s.).
ZT1: Zone Transitionnelle 1 [150-250] (du LPC au LPT1).
ZT2: Zone Transitionnelle 2 [450-550] (du LPT1 au LPT2).
ZT3: Zone Transitionnelle 3 [650-750] (du LPT2 au PR).
PF: Protofrançais (VIIIe s.).
AFC: Ancien Français Classique (IXe-XIIIe s.).
AFT: Ancien Français Tardif (XIVe-XVe s.).
ZT4: Zone Transitionnelle 4 [1250-1300] (de l'AFC à l'AFT).

VARIÉTÉS LOCALES ET SUPRARÉGIONALES DANS LA GENÈSE DES LANGUES ROMANES STANDARD*

Résumé

La Romania à la documentation historique dense permet d'étudier en détail le processus de formation des langues de communication écrites que sont les langues standard modernes. C'est au Moyen Age tardif que s'opèrent les choix des variétés régionales retenues comme bases de standardisation. L'article s'attache à étudier l'état d'élaboration des différentes langues écrites régionales à cette époque et à déterminer s'il existait des raisons internes encourageant ces choix.

1. Langues de communication, langues par élaboration et langues standard

1.1. Problématique

Les organisateurs de cette journée d'études nous incitent à répondre, pour chacun des domaines linguistiques que nous représentons, à la question suivante:

> Les langues de communication (koiné, lingua franca) ont-elles des propriétés linguistiques (morphologiques, syntaxiques, lexicales) qui les prédisposent à jouer ce rôle indépendamment des aléas de la constitution des États, empires, fédérations ou acquièrent-elles progressivement ces propriétés en accédant à cette fonction?

Cette question contient une assertion implicite qu'il s'agit d'expliciter au préalable: «Les langues de communication possèdent des propriétés linguistiques particulières» ou, autrement dit, n'importe quelle langue, n'importe quel système linguistique n'est pas capable, de par sa structure phonétique, grammaticale, lexicale, de jouer le rôle d'une langue de communication. Il convient donc de déterminer dans un premier temps quelles sont ces propriétés linguistiques particulières sans lesquelles une langue ne saura pas jouer ce rôle.

Notre réflexion reposera sur le cas particulier des langues romanes, ce qui nous amènera à étudier surtout les propriétés et la formation de langues de communication qui sont caractérisées par une scripturalité plus ou moins

---

* Les paragraphes 1 et 3 ont été rédigés pour l'essentiel par Eva Buchi, les paragraphes 2 et 4, pour l'essentiel par Martin-Dietrich Gleßgen.

développée. Le modèle qui nous paraît être le plus apte à éclairer cette question dans ce contexte est celui du germaniste Heinz Kloss (1978 [1952], 25 et *passim*)[1].

1.2. *Langues écart et langues par élaboration dans la Romania*

Kloss distingue en effet deux manières de délimiter des langues indivi-duelles, qui peuvent d'ailleurs s'appliquer à un seul et même idiome:

Premièrement, les *langues écart*[2]: des idiomes qui «diffèrent, de par leur substance, de par leur 'corps linguistique', de toutes les autres langues vivantes au point qu'on devrait leur accorder le statut de langue [et non pas de dialecte] même si aucun livre, aucun texte n'était écrit dans ce parler» (traduit de Kloss 1987, 302). Comme exemples européens modernes, on peut citer notamment l'albanais ou le basque, mais aussi une bonne partie des langues romanes, et typiquement le sarde, langue très peu écrite, mais dont les caractéristiques phonétiques, morphologiques, etc. sont telles qu'on ne peut en aucun cas la considérer comme un dialecte italien.

Deuxièmement, les *langues par élaboration*[3]: des idiomes «que l'on devrait considérer comme des dialectes d'une autre langue s'ils n'étaient pas devenus le moyen d'expression d'une culture qui englobe tous ou presque tous les aspects de la vie moderne» (traduit de Kloss 1987, 302). Une langue par élaboration moderne doit pouvoir être utilisée dans la presse (plus généralement dans les *mass media*, dirions-nous aujourd'hui), dans les textes-clés d'une société (typiquement, pour nos sociétés tradi-tionnelles, la Bible), dans n'importe quel texte utilitaire (annonces, pan-cartes, lettres, bloc-notes, journaux intimes, formulaires administratifs), ainsi que pour une communication orale soutenue du type de la conférence scientifique (Kloss 1987, 304)[4]. Comme exemples, Kloss cite le slovaque (par rapport au tchèque) ou le macédonien (par rapport au bulgare)[5].

Presque toutes les langues romanes nationales modernes — le portugais, l'espagnol, le français, l'italien, le roumain — satisfont à l'heure actuelle à ces deux définitions: il s'agit à la fois de langues écart et de langues par éla-boration. Le cas est semblable pour le catalan ainsi que pour le galicien;

1. Pour un perfectionnement du modèle de Kloss élaboré dans le cadre des études romanes, v. Muljačić 1982; 1985; 1989.
2. «Abstandsprachen», v. Kloss 1987, 303.
3. «Ausbausprachen», v. aussi Muljačić 1985, 41 et n. 11.
4. Comme Kloss, nous ne considérons pas ici le cas de langues par élaboration de type oral, cas de figure imaginable, mais inhabituel dans la Romania et en tout état de cause aty-pique d'un point de vue historique: la formation de sociétés fortement hiérarchisées, qui ont le plus besoin d'une langue de communication, s'accompagne normalement de l'introduction de l'écrit.
5. Kloss 1987, 302 y range aussi, par mégarde, le galicien.

l'élaboration reste partielle pour le romanche, malgré son statut de langue nationale.

Par ailleurs, les romanistes délimitent traditionnellement plusieurs autres entités dont le système linguistique est très particulier, mais qui ne couvrent pas l'ensemble des usages de la vie moderne: le frioulan (langue d'un territoire avec une autonomie politique relative, comparable à celle du galicien ou du catalan), l'occitan et le ladin dolomitique (langues reconnues d'un point de vue politique), le gascon, le francoprovençal et le sarde, déjà cité (langues sans reconnaissance politique mais avec des caractéristiques internes marquées comme l'était, avant son extinction, le dalmate). On dira qu'il s'agit là de *langues écart pures*.

Enfin, il existe des idiomes romans assez peu différenciés de leur plus proche parent, mais qui ont acquis, ou sont en train d'acquérir, le statut de langue par élaboration: le brésilien, l'asturien, le corse et le moldave. On les appellera *langues par élaboration pures*.

Le modèle de Kloss nous permettra de recentrer le débat par rapport à la question initiale et de nous interroger sur les propriétés inhérentes des langues par élaboration, qui représentent le type habituel sinon unique de langues de communication dans la Romania.

1.3. Élaboration et standardisation linguistiques

Deux caractéristiques quelque peu contradictoires déterminent les langues par élaboration telles que nous les connaissons: d'une part l'absence d'une variation forte dans certains domaines de la langue, de l'autre la présence de structures linguistiques complexes, dans d'autres domaines. Si l'absence de variation, le côté «négatif», concerne essentiellement la phonétique, la morphologie et le lexique de base, le côté «positif» regarde le lexique et la syntaxe complexes (cf. ci-dessous n. 27); ce sont en fait les deux versants fondamentaux pour toute standardisation linguistique. Comment s'articulent-ils donc avec la définition des langues par élaboration dans l'optique de leur utilisation comme langues de communication?

Pour les critères phonétique/phonologique et morphologique, ce qui distingue les langues standard, c'est leur propension à réduire le stock des variantes libres. Mais il ne s'agit pas là d'une condition *sine qua non*: la variation n'empêche pas l'adoption d'une langue comme standard — pour le domaine roman, rappelons l'exemple du catalan, qui se satisfait pour l'instant d'une variation phonétique et même morphologique assez forte, signes d'une standardisation récente. En tout état de cause, nous n'avons pas connaissance d'un idiome dont le système phonétique/phonologique ou morphologique lui interdise d'être utilisé sans aucune altération pour une traduction de la Bible, pour la rédaction d'un article de journal, pour un panneau indicateur ou pour une communication scientifique: la phonologie et la morphologie de n'importe quelle langue naturelle suffisent pour que celle-ci puisse servir dans tous ces types de communication[6].

Pour ces deux critères-là, il ne peut donc s'agir que d'une question *relative*: entre deux ou plusieurs idiomes qui ont potentiellement vocation à s'imposer comme standard, lequel a le plus de chances de l'emporter: celui qui a le système phonologique le plus simple ou au contraire le plus complexe? celui à la morphologie la plus régulière ou au contraire la plus riche? Ou bien ces propriétés inhérentes ne jouent-elles aucun rôle dans la sélection de la variété qui accédera au standard? Les seuls critères sont-ils de type extra-linguistique (sociopolitique, historique, géographique)?

En revanche, la situation n'est pas la même pour le domaine lexical. Afin de pouvoir être utilisée par exemple dans la presse quotidienne ou mensuelle, une langue doit disposer d'un lexique très riche, permettant de dénommer n'importe quelle réalité de la vie courante, scientifique ou technique. Pour le critère lexical, la question se pose donc dans ces termes: est-ce le fait d'être dotées d'un lexique particulièrement riche qui a prédisposé les langues par élaboration romanes à jouer ce rôle ou ont-elles acquis progressivement ce lexique particulièrement riche en le jouant?

Il en va de même du domaine délicat de la syntaxe: même si à première vue, la syntaxe de n'importe quelle langue naturelle permet «de tout exprimer», la rédaction d'un texte philosophique, par exemple, nécessite une syntaxe complexe élaborée, y compris au niveau de la syntaxe textuelle. Ainsi la question se pose en termes analogues à ceux proposés pour le lexique: est-ce qu'une langue devient langue standard parce qu'elle possède des structures phrastiques complexes ou est-ce que de telles structures se mettent en place au fur et à mesure que des langues standard se développent?

Même ainsi reformulée, la question nous semblait assez facile à résoudre: d'après toutes nos connaissances, nous étions convaincus que dans l'histoire linguistique de la Romania, les données sociolinguistiques primaient à tout moment très largement sur les données linguistiques internes. Les constellations complexes indiquées pour l'époque contemporaine vont aussi dans ce sens. Mais nous avons décidé de jouer le jeu et de nous poser la question, sans *a priori*, en étudiant la genèse des langues standard romanes modernes. Nous donnerons donc par la suite un bref aperçu des grandes évolutions des langues romanes et nous nous interrogerons sur l'importance des données linguistiques dans la sélection des variétés qui ont accédé au standard.

---

6. Nous ne nions nullement par là les fonctions évidentes de l'homogénéisation phonétique et morphologique. Celle-ci facilite notablement l'apprentissage des langues standard, autant pour les locuteurs de variétés divergentes du même continuum linguistique (dialectophones, locuteurs de sociolectes) que pour les locuteurs alloglottes qui évoluent dans le même espace variationnel.

2. Variétés locales, régionales et suprarégionales dans la Romania entre l'Antiquité tardive et le Bas Moyen Age

2.1. Antiquité et Antiquité tardive (7ᵉ siècle av. J.C. - 7ᵉ siècle ap. J.C.)

La préhistoire des langues romanes commence pour l'observateur moderne avec le passage à l'écrit du latin et l'expansion géopolitique de cette langue, accompagnée d'une standardisation et d'une élaboration scripturale. Ce n'est pas aux romanistes de décrire en détail ce processus. Nous ne retiendrons que deux observations qui nous semblent particulièrement importantes et qui peuvent aider à expliquer des évolutions semblables dans la Romania.

D'abord, il est difficile de ne pas voir de liaison entre la genèse de l'alphabet latin et l'expansion de l'Empire romain. L'alphabet du latin fut forgé au 7ᵉ siècle av. J.C. sur l'exemple de l'alphabet grec et de l'alphabet étrusque, lui-même modelé sur le précédent. L'alphabet grec avait été élaboré peu avant, au 8ᵉ siècle av. J.C., comme premier alphabet pleinement vocalisé dans l'histoire. Le latin disposait donc d'emblée d'un instrument très performant pour la communication 'à distance'[7], ce qui a sans aucun doute facilité l'expansion postérieure de l'empire Romain (cf. Diamond 1997, chap. 11 et *passim*): un acte de réflexion linguistique tel que le passage à l'écrit d'une langue peut donc avoir des répercussions sur des évolutions politiques. Mais en cela, il s'agit néanmoins d'une technique et non pas de particularités linguistiques internes.

En second lieu, d'un point de vue plus concret, le latin écrit constituait dans toute l'histoire de la Romania une variété écrite et standardisée potentiellement disponible et utilisée à toutes les époques. Cela complique donc l'observation des processus de standardisation des différentes langues romanes, qui pouvaient à tout moment se référer à une langue de communication à distance préexistante.

Venons-en à l'aperçu chronologique[8]: à l'époque de l'Antiquité tardive (6ᵉ - 7ᵉ siècles, cf. l'intervention de M. Banniard, ce même jour dans ce

---

7. Notre argumentation repose sur le concept d'un continuum dont les deux pôles opposent des situations de communication de proximité et de distance (cf. Koch/Oesterreicher 1985; 1994). La proximité communicative maximale suppose la présence des interlocuteurs en un seul lieu, une intimité dans leurs relations et une situation informelle; la distance communicative maximale est caractérisée au contraire par une distance entre les intervenants dans l'espace et/ou dans la hiérarchie sociale et par un contexte formel. Les trois paramètres fondamentaux pour le diasystème — l'espace, le prestige social et le contexte de communication — sont ici intégrés dans une logique commune.

8. Nous avons renoncé dans les chapitres 2 et 4 ainsi que pour une partie du chapitre 1 à l'introduction d'une bibliographie ne serait-ce que sommaire: donner une synthèse en quelques pages des grandes évolutions des différentes langues romanes oblige à de sévères raccourcis et chaque paragraphe aurait nécessité de trop nombreux renvois bibliographiques qui auraient déséquilibré la présentation. Pour plus de détails, nous renvoyons au *Manuel d'histoire linguistique de la Romania* (= RSG) dont le premier volume est sous presse (notamment les articles 65 à 75).

volume), le latin écrit assume dans le monde latinophone toutes les fonctions d'une langue à distance, autant dans les nécessités de communications suprarégionales que comme langue de prestige à l'oral. Le latin parlé, propre aux situations de communications 'de proximité', commençait au contraire à montrer des particularités régionales plus ou moins marquées.

L'événement politique majeur que fut la chute de l'Empire Romain et la désintégration générale de son infrastructure (administrations, écoles, voies de communication, commerce) réduisit fortement le besoin d'une forme linguistique suprarégionale. On recourut encore, mais de façon très sporadique, au latin écrit ou à sa reproduction à l'oral (avec des prononciations variables). Les variétés orales connurent au contraire une différenciation régionale croissante.

2.2. Haut Moyen Age (7ᵉ - 11ᵉ siècles)

Aux débuts de l'époque médiévale, nous assistons donc, dans la Romania, à la mise en place d'un réseau de variétés divergentes d'une région à une autre voire d'une localité à une autre. Ces variétés ont toutes des fonctions exclusivement orales et ne donnent lieu que très exceptionnellement à des transpositions à l'écrit[9]. Ce sont des variétés entièrement naturelles. Leur prestige linguistique a dû être approximativement identique, à l'exception peut-être, des grandes villes qui ont pu connaître une aire d'influence plus grande. Ainsi a-t-on expliqué en partie la genèse du territoire francoprovençal par le modèle de Lyon (Chambon/Greub s.p.).

Dans ce jeu de variétés, de véritables ruptures interviennent de toute évidence en présence de contraintes géographiques fortes. Les massifs montagneux notamment semblent avoir joué un rôle prépondérant dans la délimitation des grands domaines linguistiques: les Alpes séparent les domaines gallo- et italoromans et déterminent l'espace francoprovençal; les Pyrénées divisent les domaines gallo- et ibéroromans; la limite septentrionale de l'Appenin sépare les dialectes italiens du Nord de ceux — assez divergents — du Centre et du Sud; la limite septentrionale du Massif Central scinde les domaines d'oc et d'oïl; la frontière entre le portugais et l'espagnol passe

Par ailleurs, notre essai de synthèse rejoint sur différents points nos propres recherches qui en ont sans doute déterminé la teneur et les choix: cf. Gleßgen/Pfister 1995 (pour les tendances intrinsèques de neutralisation et de normalisation dans les langues régionales médiévales), Gleßgen 2001 (pour l'importance des réseaux de scriptoria dans l'évolution des langues écrites médiévales), 1996 et 1996/97 (pour les tendances centrifuges de type diaphasique dans les langues romanes actuelles) ainsi que le chapitre sur 'L'histoire externe de la Romania' dans Gleßgen (en prép.). Ajoutons pour le domaine de la conscience linguistique, crucial pour toute élaboration de langues, les études fondamentales de Lebsanft 1996 et surtout 2000.

9. Cf. le recueil de l'essentiel de ces quelques témoignages dans l'InvSyst (pour la critique cf. Vieillard 2000).

par une chaîne de montagnes. Enfin, le roumain ainsi que le sarde sont séparés de ce territoire roman, par ailleurs contigu, par de fortes ruptures de continuité[10]. Les divisions des territoires sur lesquels pouvaient s'établir des langues de communications suprarégionales sont donc dues à des raisons extralinguistiques et non pas à des particularités internes ou de prestige de certaines variétés données.

La différenciation linguistique de ces variétés à l'intérieur des grands espaces ibéro-, gallo- et italoromans suit une logique ordonnée dans l'espace. Cela apparaît clairement si l'on compare, par exemple, les variétés ibéroromanes dans le nord de la Péninsule Ibérique (le Centre et le Sud se trouvent à l'époque sous domination arabo-berbère). De l'Ouest vers l'Est, se formeront les domaines linguistiques du galicien, de l'asturo-léonais, du castillan, du navarro-aragonais et du catalan. D'un point de vue interne, le galicien est plus proche de l'asturo-léonais que du castillan, celui-ci plus proche du navarro-aragonais que du catalan.

Cette particularité ressort immédiatement des exemples phonétiques du schéma 1[11] qui correspondent à l'état d'évolution des langues médiévales (gal.-port. *fariña* est plus proche d'astur. *farína* que de cast. *harína*, celui-ci plus proche de navar. *farína* que de cat. *fərína*). Ces exemples montrent par ailleurs que dans le domaine de la phonétique, le castillan a connu un certain nombre d'évolutions qui lui sont propres (cf. ci-dessous n. 19):

latín	gallego-portugués	astur-leonés	castellano	navarro-aragonés	catalán
FARINA-	*fariña*	*farína*	*harína*	*farína*	*fərína*
NOCTE-	*nójte*	*nwójte*	*nótʃe*	*nwéjt(e)*	*nujt > nit*
LUMINE-	*lúmēe > lúme*	*ʎúmne/júme*	*lúmbre*	*lúmbre*	*ʎúmen > ʎum*
MOLINARIU-	*moinéjro*	*molinéjro/-u*	*molinéro*	*molinér(o)*	*molinér*
PLANU-	*tʃão*	*ʃáno/ʃánu*	*ʎáno*	*plan(o)*	*pla*
MULIERE-	*muʎér*	*muʎér/mujér*	*muʒér*	*muʎér*	*mujér/muʎér*
ANNU-	*áno*	*áño*	*áño*	*áño*	*añ*
LUMBU-	*lómbo*	*lómbo/ʎómbo*	*lómo*	*lóm(o)*	*ʎom*

De la même manière, les grands domaines galloromans connaissent une diversification croissante dans l'espace en passant du français au franco-provençal, à l'occitan septentrional, à l'occitan méridional et au gascon. Cela vaut aussi pour les dialectes italiens.

De telles différenciations caractérisées par une certaine cohésion géolinguistique, font apparaître que les évolutions linguistiques internes tiennent

---

10. La différence entre la Sardaigne et les autres îles romanes qui n'ont pas développé des langues à part (Corse, Sicile, Baléares) pourrait s'expliquer par des raisons de taille de territoire.

11. D'après Lleal 1990, 187s.

compte des interactions dans l'espace entre variétés voisines. Cela traduit aussi que les hommes ne ressentaient pas de forts décalages de qualité (ni de prestige) entre les différentes variétés puisque les imitations de langue se produisaient de façon interactive et non pas dans un sens unilatéral[12].

Le rôle de variété suprarégionale de haut prestige, encore peu affirmé à cette époque, était toujours et en tout lieu assumé par le latin écrit, comme dans l'Antiquité tardive[13]. A l'oral ont pu s'instaurer des situations très diverses pour permettre une communication entre locuteurs illettrés de différents lieux de la Romania; mais dans ce domaine resté opaque, l'historien de la langue a bien du mal à voir se dessiner l'essor de langues nouvelles de communication.

2.3. Bas Moyen Age (12ᵉ/15ᵉ siècles)

C'est essentiellement le Bas Moyen Age qui connaît la mise à l'écrit de dif-férentes variétés romanes. Celles-ci émergent de toutes parts à côté du latin qui reste la langue écrite dominante pour la communication à moyenne ou grande distance. Les différentes formes romanes écrites possèdent toujours des carac-téristiques régionales plus ou moins marquées. En Italie par exemple, un grand nombre des textes à notre disposition peuvent être attribués aux domaines sui-vants: le toscan (notamment avec Florence, Sienne, Pise ou Arezzo) et l'om-brien (avec Pérouse), le lombard (avec Milan), l'émilien (avec Ferrare et Man-toue) et le romagnolo (avec Bologne), le vénitien, le gênois, le romain, le napolitain et le sicilien (avec Palerme)[14]. La formation de ces variétés écrites est donc liée aux centres urbains et, partiellement, aux cours princières.

Sur le territoire de la Péninsule ibérique, nous possédons des textes dans les cinq variétés déjà indiquées plus haut (cf. ci-dessus 2.2.): ici, le rôle des cours princières est prépondérant et dépasse celui des grandes villes. Cela vaut aussi pour les variétés du domaine d'oïl (l'anglo-normand, le picard, le francien, le champenois, le lorrain etc.). Pour les groupes du domaine occi-tan, les villes prennent de nouveau un peu plus d'importance.

Toutes ces variétés sont autant de langues régionales écrites. Leur déli-mitation dans l'espace n'est pas facile mais possible puisque ces langues régionales connaissent des centres ou des épicentres. La formation des variétés écrites romanes est intimement liée à l'élaboration de différents genres textuels et s'accompagne automatiquement d'un certain nombre de phénomènes de standardisation et de normalisation: éléments de latinisa-

12. Notons par ailleurs que la délimitation précise de groupes dialectaux à l'intérieur d'un domaine donné reste difficile puisque les isoglosses linguistiques ne convergent jamais com-plètement. Cela permet de dire qu'il s'agit dans les parlers concrets, de variétés avec une por-tée essentiellement locale, malgré les interactions avec les parlers voisins.

13. Nous ne tenons pas compte ici du cas très divergent du roumain.

14. Cf. le supplément bibliographique à usage interne du LEI 'Fonte antiche'; les ren-seignements correspondants se trouvent aussi sous les entrées respectives des sigles des 'dia-letti antichi' dans le *Supplemento bibliografico* 1991 (cf. la liste des variétés écrites médié-vales [p. 3] et les sources qui leur correspondent dans l'*Elenco dei luoghi* ... [p. 23ss.]).

tion, normalisation intrinsèque qui bannit toute forme très marquée localement, préférence accordée à des formes qui connaissent une diffusion géographique plus large.

Les choix linguistiques des cours princières ou ecclésiastiques, voire des villes, qui déterminaient le réseau géographique de l'écrit roman, obéissaient de toute évidence à des faits politiques, économiques et sociologiques. Rien ne permet de supposer qu'une quelconque variété parlée de l'époque possédait une prédisposition à la standardisation.

Par ailleurs, les langues régionales établies vers la fin du 13ᵉ siècle dans la Romania, ne connaissaient pas encore de différenciations fortes de prestige. Nous observons bien quelques phénomènes saillants comme l'utilisation du français écrit en Angleterre, en Italie du Nord ou au Proche-Orient, ou celle de l'occitan en Italie du Nord ou dans l'Espagne du Nord. Ce sont là les premiers indices de variétés standard naissant dans des contextes géolinguistiques précis mais qui avorteront par la suite.

C'est au Moyen Age tardif que prend forme le grand mouvement de préstandardisation des futures langues romanes standard; ou en d'autre termes, l'émergence de variétés romanes *supra*régionales: le castillan en Espagne dès Alphonse le Sage (1252-1284), le portugais de Lisbonne dès le 14ᵉ siècle, la langue de la cour royale française — dite le «francien» — vers 1400, le toscan archaïsant dès le début du 16ᵉ siècle.

Ces variétés en essor, élaborées comme langues régionales au cours des siècles précédents, entrent ainsi en concurrence avec d'autres variétés écrites appartenant à la même langue historique. Les unes comme les autres sont des variétés déjà semi-artificielles de par leur mise à l'écrit. Mais la montée en puissance de certaines d'entre elles constitue néanmoins un phénomène déterminant dans l'histoire des langues romanes modernes. Peut-on à ce moment de l'histoire déterminer des critères linguistiques internes qui auraient permis à telle ou telle variété de s'imposer dans cette phase discriminatoire de l'histoire des langues?

3. Études de cas

3.1. *Phonologie: portugais*

C'est le portugais qui nous servira d'exemple pour le domaine de la phonologie. Au Portugal, les conditions étaient particulièrement propices à l'élaboration d'une langue commune normée. On peut d'abord citer l'unité politique précoce, depuis la séparation du comté de Léon au 12ᵉ siècle. Puis la situation géographique du pays, qui forme un rectangle orienté nord-sud délimité par l'océan et un massif montagneux: comme la reconquête, terminée dès le milieu du 13ᵉ siècle — deux siècles et demi avant celle de l'Espagne —, s'est faite depuis le Nord de la péninsule ibérique, ce sont des parlers relativement peu différenciés qui ont recouvert l'ensemble du pays[15]. Il s'y ajoute l'absence de centres culturels régionaux importants (Stegagno Picchio 1959, 35; Woll 1994, 383). Suite à ces facteurs géopolitiques et socioculturels, le portugais dispose, dès le 14e siècle, d'un standard relativement uniformisé (Woll 1994, 386). Quelles sont les propriétés phonologiques de ce standard?

Le diasystème du portugais moderne présente essentiellement deux ensembles dialectaux, le premier au Nord, le second au centre et au Sud, qui s'opposent sur cinq traits phonologiques (v. le schéma 2, établi d'après Woll 1994, 385; cf. aussi la carte de Teyssier 1980, 60). On peut donc se poser la question de savoir laquelle de ces variétés s'est imposée comme standard[16], et pour quelles raisons.

À noter que lors de l'élaboration du portugais standard, la majorité des différences phonologiques entre les deux zones dialectales n'avait pas encore pris place: la confusion du <b> et du <v> dans les parlers septentrionaux n'est pas attestée avant 1576 (Teyssier 1980, 59), la simplification des chuintantes date de la fin du 16e siècle (Teyssier 1980, 63), la neutralisation de /tʃ/ en /ʃ/ et la monophtongaison de /ou/ ne remontent qu'au 17e siècle (Teyssier 1980, 65; 66), celle de /ei/ peut-être seulement au 18e siècle (Teyssier 1980, 80). Il s'agit donc plus précisément de délimiter si le portugais standard a *suivi* les simplifications de l'une ou de l'autre zone ou pas.

A priori, deux possibilités: soit c'est la variété la plus riche en oppositions phonologiques qui s'est imposée. En l'occurrence, cela qualifierait le Nord, qui présente quatre oppositions phonologiques sur cinq (ce dialecte est en général archaïsant; il ne participe pas aux simplifications du Sud). Si l'on compare cette hypothèse avec les données du portugais standard (colonne 3 du schéma 1), on s'aperçoit qu'elle est invalidée par quatre traits sur cinq (les numéros 1 à 4); il faut donc la rejeter.

On peut tester ensuite l'hypothèse contraire: ce serait la variété la moins riche en phonèmes qui se serait imposée, pour l'efficacité et l'économie de son système. Cela mettrait en avant le dialecte centro-méridional, qui comporte quatre simplifications sur cinq. Or cette thèse est invalidée par un trait (le numéro 5) du portugais standard, que l'on n'arrive pas à expliquer par des raisons intra-linguistiques: il n'y a aucune raison pour laquelle le standard aurait maintenu la diphtongue /ei/, alors qu'il a éliminé /ou/ sous 4.

En réalité, c'est une solution intermédiaire qui a été adoptée: le standard suit bien en général la variété centro-méridionale, mais il maintient la diphtongue

15. Cette situation s'oppose à celle de l'Espagne, où la côte septentrionale montre, comme nous l'avons vu (2.2.), la succession de plusieurs variétés linguistiques: l'asturien, le léonais, le castillan, l'aragonais et le catalan.

16. On n'a pas d'indice qui inciterait à penser que la délimitation des dialectes portugais d'avant le choix d'une prononciation pour le standard ait été notablement différente de celle que l'on constate à l'époque contemporaine. Le principe de simplicité commande donc de postuler que les données modernes soient exploitables pour notre propos (c'est aussi la position de Woll 1994, 385). Mais le premier témoignage métalinguistique positif ne date que du 16e siècle: en 1536, Fernão de Oliveira oppose dans sa grammaire le standard aux parlers septentrionaux (Woll 1994, 388).

	Parlers septentrionaux	Parlers centro-méridionaux (sauf Lisbonne)	Portugais standard	Parler de Lisbonne
1. Opposition phonologique /v/ ⇔ /b/	Neutralisation en /b/	Maintien de l'opposition	Maintien de l'opposition	Maintien de l'opposition
2. Opposition phonologique /tʃ/ ⇔ /ʃ/	Maintien de l'opposition	Neutralisation en /ʃ/	Neutralisation en /ʃ/	Neutralisation en /ʃ/
3. Opposition phonologique /s/ ⇔ /s̪/[17] (passo «pas» ⇔ paço «palais»)	Maintien de l'opposition	Neutralisation en /s/	Neutralisation en /s/	Neutralisation en /s/
4. Diphtongue /ou/ (⇔ /o/)	Maintien de la diphtongue	Monophtongaison en /o/	Monophtongaison en /o/	Monophtongaison en /o/
5. Diphtongue /ei/ (⇔ /e/)	Maintien de la diphtongue	Monophtongaison en /e/	Maintien de la diphtongue	Maintien de la diphtongue

Schéma 2: Genèse du système phonologique du portugais standard

17. Il s'agit d'une dentale et d'une apico-alvéolaire; pour plus de précisions, v. Barroso 1999, 91 et n. 42.

/ei/ (trait numéro 5). Or, cette situation n'est pas à envisager comme un *compromis* entre les deux variétés en place: on ne voit pas pourquoi ce serait juste ce trait-là qui aurait été repris aux parlers septentrionaux. Le système phonologique du portugais standard doit au contraire être considéré comme un calque pur et simple de celui de Lisbonne (reproduite dans la dernière colonne du schéma)[18]. Ce dernier n'a rien de particulièrement adapté à une langue standard; s'il s'est imposé, c'est pour des raisons historiques et sociopolitiques[19].

3.2. *Morphologie: français*

Pour la morphologie, c'est le français qui nous servira d'exemple. Au Moyen Âge, on observe dans la France d'oïl, à côté du latin toujours très présent, l'émergence de plusieurs variétés régionales partiellement standardisées de la langue vernaculaire écrite. Parmi ces semi-standards régionaux, que l'on a l'habitude d'appeler des *scriptae* — terme qui ancre ces variétés clairement dans l'écrit, dans les scriptoria, les chancelleries —, on délimite par exemple l'anglo-normand, le normand, le picard, le champenois, et notamment ce que l'on a l'habitude d'appeler le «francien», la langue de la capitale administrative, intellectuelle et démographique, *scripta* de la cour et de la chancellerie royale, qui est en quelque sorte l'ancêtre du français standard moderne[20].

Si c'est le «francien» qui l'a emporté sur les autres *scriptae*, c'est avant tout pour des raisons extra-linguistiques. Mais on peut se poser la question de savoir si des raisons de linguistique interne n'ont pas favorisé la diffusion de cette variété particulière. Pour ce qui est du critère morphologique, il nous a paru particulièrement intéressant de comparer le «francien» à l'ancien picard, pour lequel Ch. Th. Gossen compte sept traits morphologiques qui le différencient de la langue centrale (v. schéma 3, établi à partir de Gossen 1970, 153).

18. «Mais la grande différence avec les limites dialectales précédentes, c'est que cette fois-ci *Lisbonne est comprise dans la zone du Nord*. C'est là, apparemment, la raison pour laquelle la réduction de *ei* à [e] n'est pas admise dans la norme du portugais contemporain, bien qu'elle soit pratiquée par de très nombreux locuteurs d'origine méridionale» (Teyssier 1980, 80). — Au sujet du *Verdadeiro Metodo de estudar para Ser util à Republica, e à Igreja* (1746) de Luís Antonio de Verney, Luciana Stegagno Picchio précise: «Affermati in tutte lettere i pieni diritti del volgare, chiarito que, non esistendo nel paese un problema di dialetti più o meno illustri, la lingua non può essere se non quella parlata nella capitale politica e morale del regno, e cioè quella di Lisbona e, latamente, dell'Estramadura, altro non resta che studiare scientificamente questa lingua e scientificamente condurla a perfezione» (Stegagno Picchio 1959, 50-1).

19. La même chose pourrait être démontrée pour les autres langues romanes, et singulièrement pour l'espagnol: «C'est donc pour des raisons historico-politiques que le castillan est devenu le standard espagnol, et non pour des raisons linguistiques. De ce dernier point de vue, le castillan est en effet le plus singulier des parlers ibéro-romans. [...] celui-ci joue souvent cavalier seul, face à tous ses voisins. Comparons les mots signifiant «fils» dans tous les parlers ibéro-romans: le portugais offre *filho*, l'aragonais et le léonais *fillo*, le catalan *fill*, alors que le castillan se singularise avec *hijo*» (Klinkenberg 1994, 204); cf. ci-dessus 2.2.

20. Assimiler le «francien» au parler de l'Île-de-France, comme on le fait communément (v. encore le titre de la monographie d'Anthony Lodge: *Le français, histoire d'un dialecte devenu langue*), nous paraît en revanche erroné.

	«Francien»	Ancien picard	Français standard
1. Pron. pers. 1 EGO	*je* (Buridant 2000, 408)	*jou* (Gossen 1970, 123)	*je*
2. Pron. pers. **neutre** ECCE-HŌC	*ce* (Buridant 2000, 123)	*chou* (Gossen 1970, 123-4)	*ce*
3. Pron. poss. fém. MEA	*(la) moie* (Buridant 2000, 148) ⇒ *(la) toie, (la) soie* (formes analogiques sur *(la) moie)* (Hasenohr 1993, 48)	*(le) mi(e)ue* (féminin analogique sur **mieus* < MEUS) ⇒ *(le) ti(e)ue, (le) si(e)ue* (formes analogiques sur *(le) mi(e)ue)* (Gossen 1970, 128)	*la mienne* (forme analogique sur le masculin) (Bourciez/Bourciez 1967, 70; Marchello- Nizia 1997, 177)
4. Passé simple HABUIT, SAPUIT, TACUIT	*ot, sot, tot* (Buridant 2000, 257)	*eut, seut, teut* (Gossen 1970, 129- 30)[21]	*eut, sut, tut* (formes analogiques avec *fut* < FUIT) (Zink 1989, 205)
5. Ind. prés. 1 FACIO, PLACEO, TACEO	*faz, plaz, taz* (Zink 1989, 148)	*fach, plach, tach* ⇒ *commanch, de- manch, loch* (*loer*) (formes analogiques) (Gossen 1970, 132-3; Buridant 2000, 247-8)	*fais, plais, tais* (formes analogiques avec le type *finis* < *FINISCO) (Zink 1989, 158)
6. Ind. impf. 4 -ĒBAMUS	*-i(i)ens* (Buridant 2000, 271)	*-iemes* (*-iens* x *sommes/chantames/...*) (Gossen 1970, 136- 40)	*-ions* (forme étymologique) (Picoche 1979, 49)
7. Subj. prés. 1 FACIAM, TACEAM	*face, tace* (Picoche 1979, 43)	*fache, tache* ⇒ *demeurche, doiche* (*devoir*) (formes analogiques) (Gossen 1970, 140-2)	*fasse* (forme étymologique) ⇔ *taise* (forme analogique avec celle de l'indicatif présent) (Picoche 1979, 43)

Schéma 3: Comparaison de la morphologie du «francien» et de l'ancien picard

21. «La différenciation de la diphtongue /ou/ en /eu/, en picard [...] donne[nt] pour cor-respondant[s] à *ot* [...] les formes *eut* [...] (apparues, donc, plus tôt qu'au Centre et par d'autres voies» (Zink 1989, 200).

Notons tout de suite que du point de vue de la variation interne, les deux systèmes considérés étaient d'une richesse extrême, de sorte que, quelle que soit la variété prise comme base, le processus d'élaboration de la norme commune impliquait une sélection, et donc l'élimination d'un nombre considérable de variantes non rentables. L'aspect de la variation interne n'étant pas discriminatoire, nous n'avons reporté dans chaque case du schéma 3 qu'un seul morphème, celui qui nous paraissait le plus typique de chaque variété.

Peut-on déceler, parmi les sept particularités morphologiques qui opposent l'ancien picard au «francien», des cas où celui-ci présentait un système plus régulier, plus clair, plus cohérent que celui-là? Le premier trait considéré, la forme du pronom personnel de la première personne, *je* en «francien» et *jou* en ancien picard, ne donne d'avantage à aucune des deux variétés: les formes des autres personnes étant «francien» *tu* et picard *te*, puis *il/ele*, *nos*, *vos*, *il/eles*, les paradigmes des deux variétés sont aussi irréguliers l'un que l'autre. Des remarques analogues peuvent être formulées pour le deuxième trait, la forme du pronom personnel neutre. Pour ce qui est du troisième critère, la forme du pronom possessif féminin, les deux systèmes sont tous les deux réguliers à leur manière: tandis que le «francien» a refait des formes *(la) toie*, *(la) soie* sur la forme de la première personne *(la) moie*, le morphème *(le) mi(e)ue* a donné lieu à la création de *(le) ti(e)ue*, *(le) si(eu)e* en ancien picard. À noter que la forme moderne, *(la) mienne*, s'explique par une analogie avec la forme du masculin.

La quatrième opposition concerne les formes de passé simple issues de HABUIT, SAPUIT et TACUIT, réalisées *ot*, *sot*, *tot* en «francien» et *eut*, *seut*, *teut* en ancien picard. Ce point voit le picard avantagé: alors que le «francien» présente un paradigme à deux radicaux, passant de *oi* à *eüs* (simplifié en *eus* après réduction de l'hiatus, Zink 1989, 205), *ot*, *eümes* (< *eumes*), *eüstes* (> *eustes*), *orent*), l'ancien picard est doté d'un système régulier *eus*, *eus*, *eut*, *eumes*, *eustes*, *eurent*. De manière assez caractéristique, cette «faiblesse» du système «francien» a été éliminée dès le moyen français, où la variété centrale aboutit, par analogie avec le paradigme de *être* (qui avait la forme *fut* issue de FUIT, Zink 1979, 205), au même systeme que celui de l'ancien picard.

Quant au cinquième trait, la forme de la première personne de l'indicatif présent des verbes *faire*, *plaire* et *taire*, il ne favorise, au niveau du paradigme de ces verbes, aucune des deux variétés en présence: une forme *fach* est aussi biunivoque — mais en même temps aussi isolée dans le paradigme — que *faz*. En revanche, on constate en ancien picard une tendance à la généralisation de la désinence *-ch* à toutes les classes de conjugaison, ce qui confère une plus grande cohérence interne à la morphologie de l'indicatif présent de l'ancien picard.

Le sixième trait concerne la forme de la quatrième personne de l'indicatif imparfait, où le «francien» *-i(i)ens* s'oppose à l'ancien picard *-iemes*. Ce critère donne l'avantage au «francien», qui présente un système assez régulier avec juste une alternance vocalique /ei/ ⇔ /i/: *-eie, -eies, -eit, -i(i)ens, -i(i)ez, -eient*, tandis que la forme *-iemes* du picard introduit de la disparate dans le système.

En dernier lieu, on citera les formes de la première personne du subjonctif présent issues du type FACIAM, TACIAM, qui opposent le «francien» *face*, *tace* à l'ancien picard *fache, tache*. À l'intérieur du paradigme de ces verbes, les deux séries se valent. Mais les formes en *-che* de l'ancien picard ont eu tendance à s'étendre à l'ensemble des conjugaisons, ce qui aboutit à ce que l'on peut appeler, avec Cl. Buridant, une «tentative[s] intéressante[s] pour instaurer un système économique d'opposition entre indicatif et subjonctif» (Buridant 2000, 251).

En résumé, sur sept traits morphologiques opposant le «francien» et l'ancien picard, trois (1, 2 et 3) présentent un paradigme aussi cohérent d'un côté que de l'autre. Trois autres (4, 5 et 7) montrent une plus grande régularité en ancien picard, tandis qu'un seul (6) favorise le «francien». On peut donc conclure que la cohérence du système morphologique n'a pas joué de rôle dans la sélection de la variété de base pour le français standard.

3.3. Syntaxe: espagnol

L'espagnol nous servira d'exemple pour la syntaxe. C'est le règne d'Alphonse le Sage, s'étendant de 1252 à 1284, qui constitue la période décisive pour la formation de la langue standard espagnole: il voit fleurir, sous l'impulsion du roi même, d'innombrables traductions à partir du latin et de l'arabe ainsi que des œuvres originales dans les domaines scientifique et littéraire, et on peut dire avec Lapesa qu'à cette époque naît à proprement parler la prose castillane (Lapesa 1981, 237-8). C'est la norme élaborée à Tolède, en Nouvelle-Castille, résidence, du 13ᵉ au 16ᵉ siècle, des rois de Castille et lieu de haute culture, qui servit de référence pour la langue commune, notamment en phonétique et en morphologie (Lapesa 1981, 241-2)[22]. On a coutume de dire aussi que c'est pendant la période alphonsine qu'intervient l'élaboration de la syntaxe castillane, la complexité des idées exprimées dans les genres textuels alors arrachés au latin et à l'arabe nécessitant de nouveaux moyens d'expression (Lapesa 1981, 242; Penny 1993, 17). Un extrait des *Siete Partidas*, un texte juridique remontant à 1256/1263 et rédigé sous le contrôle personnel d'Alphonse le Sage, nous servira d'exemple[23]:

22. Le premier témoignage métalinguistique de la suprématie du parler de Tolède date de 1530 (González Ollé 1988, 860); occasionnellement, la norme de Tolède est aussi invoquée pour résoudre des questions linguistiques précises, et cela dès 1533: «*Hijo* es más elegante por ser toledano, y *fijo* está bien por ser sacado del latín» (Fr. Delicado, *Amadís*, González Ollé 1988, 869).

23. «La prosa de las *Partidas* supone un esfuerzo extraordinario y fructífero. El pensamiento discurre en ella con arreglo a un plan riguroso, de irreprochable lógica aristotélica, con perfecta trabazón entre los miembros del período» (Lapesa 1981, 242).

Cómo el rey debe **amar**, et **honrar** et **guardar** a su muger. — <u>Amar</u> <u>debe el rey a la reina su muger por **tres** razones: la **primera**</u> *porque él et* *ella por casamiento segund nuestra ley son como una cosa*, <u>de manera que</u> <u>se non pueden partir sinon por muerte o por otras cosas ciertas</u>, <u>segunt</u> <u>manda santa Eglesia</u>; <u>la **segunda**</u> *porque ella solamente debe ser segunt* *derecho su compaña en los sabores et en los placeres*, <u>et otrosí</u> *ella ha de* *seer su aparcera en los pesares et en los cuidados*; <u>la **tercera**</u> *porque el* *linage* <u>que en ella ha o espera haber</u>, [Dios quiera (?)/ojalá (?)] *que finque* *en su lugar después de su muerte*.

Honrar<u>la debe otrosí por **tres** razones: la **primera**</u> *porque*, *pues ella es* *una cosa con él*, <u>cuanto más honrada fuere</u>, *tanto es él más honrado por* *ella*; <u>la **segunda**</u> [...]. (Lapesa 1981, 242)

L'analyse de la période fait apparaître une indépendante et deux phrases complexes. La première phrase complexe enchaîne, outre la <u>principale</u>, trois *causales* juxtaposées (elles suivent les segments appositifs de la principale *la primera*, *la segunda*, *la tercera*). La première de ces *causales* a dans son sillon une <u>consécutive</u>, dont dépend à son tour une <u>modale</u>. La deuxième est coordonnée par *et otrosí* avec une autre *causale*. L'interprétation de la troisième n'est pas aisée, car elle contient une rupture de construction (ou une ellipse: l'interjection serait alors sous-entendue). Nous proposons de suppléer un élément interjectif et d'analyser l'ensemble «porque el linage [Dios quiera (?)/ojalá (?)] que finque en su lugar después de su muerte» à la fois comme une *causale* (dont dépend une <u>relative</u>) et comme une <u>optative</u>. La seconde phrase complexe a été coupée par Lapesa; le début comprend, à part la <u>principale</u>, une *causale*, dont dépend une autre *causale* et une <u>modale</u>.

La période comprend donc, au niveau des subordonnées, une relative et différentes circonstancielles, introduites par *porque*, *de manera que*, *segunt*, *que* et *cuanto más*. Pris un à un, aucun des moyens syntaxiques en place ici n'était inconnu avant la période alphonsine[24], même si les textes d'avant cette époque charnière se caractérisent surtout par un emploi récurrent du *que* plurifonctionnel[25]. Ce qui frappe, pourtant, c'est leur coprésence dans une même phrase, et surtout le fait que ces subordonnées soient imbriquées les unes dans les autres. Au niveau supra-phrastique, la cohérence est assurée notamment par la reprise d'éléments (*amar*, *honrar*, *guardar*) et par une énumération explicite (*primera*, *segunda*, *tercera*).

---

24. Cela semble valoir pour l'ensemble des subordonnants en place. La conjonction de subordination *aunque* «bien que», qui ne serait pas attestée avant Alphonse le Sage selon Lapesa 1981, 243, se trouve déjà chez Gonzalo de Berceo, dont l'œuvre date d'environ 1220—1250 (DCECH 1,413). Il est vrai que Cano Aguilar (1998, 29) constate l'absence de la subordination concessive dans les textes *non littéraires* pré-alphonsins.

25. Ce qui n'équivaut pas forcément à une structuration pauvre de ces textes, mais est plus en rapport avec leur caractère oral, v. García Santos 1996, 294 et *passim*.

Cette élaboration tant au niveau de la syntaxe phrastique complexe que de la syntaxe supra-phrastique ou textuelle[26] confère une complexité syntaxique[27] certaine à notre texte:

> El grado de «desarrollo» o «evolución» de la sintaxis en los textos escritos de un período dado no se mide sólo por la mayor o menor cantidad de nexos empleados, o por los más o menos tipos de subordinación presentes, sino muy en especial por la complejidad a la que se puede llegar en la configuración del texto (Cano Aguilar 1998, 30).

D'où cette question: existe-t-il des textes pré-alphonsins qui se hissent au même niveau de complexité syntaxique (c'est-à-dire, qui imbriquent un nombre comparable de types de subordonnées à l'intérieur d'une période)? et si oui, à quelle région sont-ils assignables? Cano Aguilar dénombre quatre textes pré-alphonsins qui répondent à ce critère: un document de Burgos remontant à 1100, une convention rédigée en 1206 à Uclés (province de Cuenca), un acte produit à Tolède au début du 13e siècle et un texte non localisable émanant de la chancellerie de Ferdinand III, donc datable entre 1230 et 1252 (Cano Aguilar 1998, 31-3). Entre les quatre, Cano Aguilar estime celui de Tolède être le moins complexe au niveau syntaxique, tandis qu'il considère le dernier comme «nada, pues, muy diferente, en cuanto a organización y complejidad sintáctica, de lo que podremos hallar años más tarde en los prólogos alfonsíes» (Cano Aguilar 1998, 32-3). Or, si la scripta pré-alphonsine de Tolède ne se distingue pas par une syntaxe particulièrement élaborée, force est de conclure que ce n'est qu'au moment de l'élaboration que la langue standard acquiert la complexité syntaxique mise en évidence dans les *Siete Partidas*. On peut donc affirmer que ce n'est pas la richesse de la syntaxe qui a été déterminante dans le choix d'une variété pour former le standard espagnol (v. aussi Hernández 1992, 359-360).

---

26. «Ahora bien, lo que más llama la atención a la hora de hablar del 'estilo paratáctico' de los primeros textos [...] es la frecuencia con que la copulativa *et* inicia los diferentes períodos, es decir, no coordina realmente oraciones, sino que más bien conecta párrafos. En este sentido, hemos de decir que lo que se revela aquí no es la escasez de subordinación, o de nexos subordinantes, sino la extrema pobreza de los mecanismos de relación 'supraoracional', de los modos de conectar los diversos períodos del texto para que éste constituya un texto dotado de unidad como tal. Ahí es donde radica sobre todo, según nuestro criterio, el 'primitivismo' y la simplicidad de estos documentos, en los mecanismos de ilación textual» (Cano Aguilar 1998, 33-34).

27. Nous utilisons la notion de complexité dans le sens habituel en linguistique: «On appelle *phrase complexe* toute phrase formée de plusieurs propositions (ou phrases simples) liées entre elles par coordination ou subordination» (Dubois *et al.* 1994 s.v. *complexe*). Pour ce qui est de l'origine de la phrase complexe dans les langues naturelles, v. le chapitre «On the development of complex constructions» dans Harris/Campbell 1995, 282-313.

4. Le sort des variétés élaborées comme langues standard depuis 1500

4.1. L'époque moderne

Une fois déterminée la variété à vocation suprarégionale qui servira de référence pour l'ensemble du diasystème, les évolutions linguistiques amorcées ne feront que s'accentuer. La formation des Etats territoriaux modernes — l'époque des 'Anciens régimes' — créera des besoins de communication à distance d'un type nouveau: les distances géographiques à parcourir augmentent et la hiérarchisation de la société devient toujours plus complexe. Les 16e et 17e siècles seront les témoins d'un mouvement remarquable de standardisation et d'élaboration linguistique, dans toute l'Europe (surtout occidentale). Le latin est, pour la première fois, sérieusement mis en question comme langue de prestige; une date emblématique demeure celle de l'édit de Villers-Cotterêt (1539). La grammaticographie, la lexicographie et la réflexion méta-linguistique concourront avec les très nombreux textes élaborés dans tous les domaines — littérature, administration et juridiction, sciences et savoirs spécialisés — à achever la standardisation de variétés qui s'étaient imposées à l'époque précédente.

Dans la Romania, l'occitan et le catalan perdent au plus tard à cette époque leur statut de variétés suprarégionales, non pas pour des raisons linguistiques internes mais par l'absence d'une base politique solide. Au contraire, le roumain — et le romanche — connaissent les débuts de leur passage à l'écrit. Le français, l'espagnol, le portugais et l'italien deviendront les langues modernes que nous connaissons. Les variétés orales qui ont pu plusieurs siècles auparavant servir de modèles partiels pour la genèse des langues régionales, sont devenues méconnaissables. Les mécanismes de neutralisation ont pratiquement anéanti les éléments oraux ou locaux et ont de cette façon transcendé ces variétés naturelles. Notamment dans le cas du français ainsi que de l'espagnol, le francien et le castillan seront les victimes de leur succès: la langue élaborée finira par influencer l'oral régional qui perdra toute particularité marquée[28].

C'est seulement en Italie qu'il existe encore, à l'heure actuelle, une opposition sensible entre la langue standard et les variétés dialectales toscanes dont sortit, au 16e siècle, le standard écrit. Cela s'explique par l'absence d'un véritable État territorial à l'époque moderne. Les grandes villes, Gênes, Milan, Bologne, Venise, Rome, Naples, Palerme, continuaient à garder leur importance politique face aux villes toscanes. On peut ainsi observer en Italie un développement des langues régionales écrites même après les *Prose della volgar lingua* de Bembo (1525), qui marqua pourtant la genèse d'une langue standard italienne. Citons le cas bien connu du théâtre vénitien de Goldoni. Ce n'est qu'au 19e siècle, à une époque où

---

28. La zone centrale autour de Paris est considérée comme «zone dédialectalisée» dès le 18e siècle.

partout ailleurs les langues standard s'imposent à la population par l'alphabétisation, le service militaire, la mobilité et les besoins de communication,
que s'opèrent en Italie les derniers choix (cf. l'exemple caractéristique de la
réélaboration des *Promessi Sposi* par Manzoni[29]).

4.2. *Époque contemporaine*

Au 20e siècle, ces langues standard, variétés élaborées et semi-artificielles,
sont devenues des langues d'usage courant. Les anciennes variétés naturelles,
les dialectes, disparaissent. Pour la première fois — bien plus que dans la
Rome impériale — un grand nombre de locuteurs parlent «comme ils écri-
vent», en faisant appel à une variété de communication à distance.

Il peut alors sembler paradoxal que naissent maintenant de nouvelles tendances centrifuges: certaines langues régionales émergent à nouveau, comme
le catalan et le galicien, et connaissent une standardisation; des langues standard établies se diversifient dans l'espace d'après les nouvelles frontières
nationales: c'est le cas du français en Belgique, en Suisse et au Canada et plus
encore celui de l'espagnol et du portugais en Amérique; des langages tech-
niques (et spéciaux) se forgent tout au long du siècle; les variétés non-standard
des banlieues ou des *barrios* développent, à la fin du 20e siècle, une dynamique
créative nouvelle. Là encore, il s'agit d'évolutions où les mécanismes internes
ne font que suivre des besoins ou des intérêts extralinguistiques.

Il est évident *a contrario* que les phénomènes d'élaboration linguistique
ont eu un impact sur les évolutions socio-politiques. Cela ne vaut pas seulement pour l'exemple initial du latin écrit mais aussi pour les langues standard européennes, déterminantes pour la genèse et l'évolution du monde
moderne. Pour le meilleur et pour le pire d'ailleurs: la colonisation, les
Etats répressifs voire totalitaires de l'époque moderne, les mouvements
d'industrialisation et d'urbanisation sont nés de langues standard comme
aussi la liberté de parole et les possibilités d'autodétermination données à
l'homme à l'époque contemporaine. La standardisation découle de volontés
de pouvoir politique hiérarchisé, mais elle peut mener à la démocratie. La
langue au fond ne détermine rien; elle est seulement riche de potentialités
que la société du moment utilise et transforme selon ses fins.

---

29. Environ la moitié des lexèmes éliminés par l'auteur dans la seconde édition des *Promessi Sposi* (1840/42) sont complètement ou presque absents de la langue littéraire du 20e
siècle (Stefenelli 1996, 137): «Der Romanautor Manzoni zeigt in der konkreten Wortwahl
der Endfassung seiner Promessi Sposi weit deutlicher als in der Theorie auch ein Bemühen
um eine überregionale Sprache von möglichst 'nationaler' Geltung» (ib. 101). — Comme
dans une spirale d'induction, l'adhésion d'Alessandro Manzoni à un langage 'moderne' renforce en même temps la mise en place de celui-ci et contribue ainsi à la forme concrète du
standard italien d'aujourd'hui.

Abstract

The numerous historical records available from the Romance languages allow a detailed study of the formation process of standard modern languages as written communication tools. The selection of regional variants as starting points for standardization was made in the late Middle Ages. The article tries to study the elaboration level of the different regional written languages and to determine whether any internal reasons favoured these choices.

Eva Buchi   Martin-Dietrich Glessgen
CNRS-ATILF (ex-INaLF), Nancy   Université Marc Bloch, Strasbourg

Références bibliographiques

Barroso (Henrique), 1999. *Forma e substância da expressão da língua portuguesa*, Coimbra, Almedina.
Bossong (Georg), 1979. «Sprachausbau und Sprachpolitik in der Romania», *in*: Kloepf (R.) *et al.* (éd.), *Bildung und Ausbildung in der Romania*, München, vol. 2, 491-503.
Bourciez (Édouard)/Bourciez (Jean), 1967. *Phonétique française. Étude historique*, Paris, Klincksieck.
Buridant (Claude), 2000. *Grammaire nouvelle de l'ancien français*, Paris, SEDES.
Cano Aguilar (Rafael), 1998. «La sintaxis del castellano primitivo: Oración compleja y estructura discursiva», *in*: García Turza (Claudio) *et al.* (éd.), *Actas del IV Congreso Internacional de Historia de la Lengua Española (La Rioja, 1-5 de abril de 1997)*, Logroño, Asociación de historia de la lengua española, vol. 1, 17-36.
Chambon (Jean-Pierre)/Greub (Yan), s.p. «Histoire des dialectes: Galloromania», *in*: *RSG* art. 209.
DCECH = Corominas (Joan)/Pascual (José A.), 1980—1991 [Corominas 1954-1957]. *Diccionario crítico etimológico castellano e hispánico*, 6 vol., Madrid, Gredos.
DELI = Cortelazzo (Manlio)/Zolli (Paolo), 1999² [1979-1988¹]. *Dizionario etimologico della lingua italiana*, Bologne, Zanichelli.
Diamond (Jared), 1997. *Guns, Germs, and Steel. The Fates of Human Societys*, New York, Norton.
Dubois (Jean) *et al.*, 1994. *Dictionnaire de linguistique et des sciences du langage*, Paris, Larousse.
García Santos (Juan Felipe), 1996. «La investigación en sintaxis histórica», *in*: Alonso González (Alegría) (éd.), *Actas del III Congreso Internacional de Historia de la Lengua Española (Salamanca, 22-27 de noviembre de 1993)*, Madrid, Arcos Libros, 293-300.
GDLI = Battaglia (Salvatore), 1961-. *Grande dizionario della lingua italiana*, Turin, Unione Tipografico-editrice Torinese.
Gleßgen (Martin-Dietrich), 1996. «Das Französische im Maghreb: Bilanz und Perspektiven der Forschung», *Romanistisches Jahrbuch* [1997], 28-63.
—, 1996/1997. «Variedades ejemplares y no ejemplares en el español americano: El caso de México», *Anuario de Lingüística Hispánica* 12/13, vol. 2, 597-627.

—, 2001. «Das altfranzösische Geschäftsschrifttum in Oberlothringen: Quellenlage und Deutungsansätze», *in*: Gärtner (Kurt) *et al.* (éd.), *Skripta, Schreiblandschaften und Standardisierungstendenzen. Beiträge zum Zweiten internationalen Urkundensprachen-Kolloquium vom 16. - 18. September 1998 in Trier*, Mainz, THF.

—, en prép. *Domaines et méthodes de la linguistique française et romane.*

Gleßgen (Martin-Dietrich)/Pfister (Max), 1995. «Okzitanische Koine», *in: LRL*, vol. 2/2, 406-12.

González Ollé (Fernando), 1988. «Aspectos de la norma lingüística toledana», *in*: Ariza Viguera (Manuel) (éd.), *Actas del I Congreso Internacional de Historia de la Lengua Española (Cáceres, 30 de marzo-4 de abril de 1987)*, Madrid, Arcos Libros, 859-71.

Gossen (Charles Théodore), 1970. *Grammaire de l'ancien picard*, Paris, Klincksieck.

Harris (Alice C.)/Campbell (Lyle), 1995. *Historical syntax in cross-linguistic perspective*, Cambridge, Cambridge University Press.

Hasenohr (Geneviève), 1993[2][1990[1]]. *Introduction à l'ancien français de Guy Raynaud de Lage*, Paris, SEDES.

Hernández (César), 1992. «Norma y lengua estándar», *in: LRL*, vol. 6/1, 354-68.

InvSyst = Frank (Barbara)/Hartmann (Jörg) (éd.), 1997. *Inventaire systématique des premiers documents des langues romanes*, 5 vol., Tübingen, Narr.

Klinkenberg (Jean-Marie), 1994. *Des langues romanes. Introduction aux études de linguistique romane*, Louvain-la-Neuve, Duculot.

Kloss (Heinz), 1978[2] [1952[1]]. *Die Entwicklung neuer germanischer Kulturspachen seit 1800*, Düsseldorf, Schwann.

Kloss (Heinz), 1987. «Abstandsprache und Ausbausprache», *in*: Ammon (Ulrich) *et al.* (éd.), *Sociolinguistics/Soziolinguistik*, vol. 1, Berlin/New York, de Gruyter, 302-8.

Koch (Peter)/Oesterreicher (Wulf), 1985. «Sprache der Nähe - Sprache der Distanz. Mündlichkeit und Schriftlichkeit im Spannungsfeld von Sprachtheorie und Sprachgeschichte», *Romanistisches Jahrbuch* 36, 15-43.

Koch (Peter)/Oesterreicher (Wulf), 1994. «Schriftlichkeit und Sprache», *in:* Günther (Harmut)/Ludwig (Otto) (éd.), *Schrift und Schriftlichkeit / Writing and Its Use*, Berlin/New York, de Gruyter, 587-604.

Lapesa (Rafael), 1981[9] [1942[1]]. *Historia de la lengua española*, Madrid, Gredos.

Lebsanft (Franz), 1996. «Das Spanische als Kultur- und Weltsprache. Anmerkungen zu neuen Lobreden (*elogios*) auf die Sprache aus der Sicht der Linguistik», *in*: Schmitt (Christian)/Schweickard (Wolfgang) (éd.), *Kulturen im Dialog*, Bonn, Romanistischer Verlag, 208-232.

—, 2000. «*Nation* und *Sprache*: das Spanische», *in*: Gardt (Andreas) (éd.), *Nation und Sprache. Die Diskussion ihres Verhältnisses in Geschichte und Gegenwart*, Berlin/New York, de Gruyter, 643-671.

LEI = Pfister (Max) (dir.), 1969-. *Lessico Etimologico Italiano*, Wiesbaden, Reichert.

LEI, SupplBibl = Max Pfister, *Lessico etimologico italiano*. Supplemento bibliografico con la collaborazione di R. Coluccia, D. Hauck, H. Hauck, G. Tancke, Wiesbaden, Reichert, 1991.

Lleal (Coloma), 1990. *La formación de las lenguas romances peninsulares*, Barcelona, Barcanova.

Lodge (R. Anthony), 1997 [original anglais 1993]. *Le Français. Histoire d'un dialecte devenu langue*, Paris, Fayard.

LRL = Holtus (Günter)/Metzeltin (Michael)/Schmitt (Christian) (éd.), 1988-. *Lexikon der romanistischen Linguistik*, Tübingen, Niemeyer.

Marchello-Nizia (Christiane), 1997. *La Langue française aux XIVe et XVe siècles*, Paris, Nathan.

Mattheier (Klaus J.)/Radtke (Edgar) (éd.), 1997. *Standardisierung und Destandardisierung europäischer Nationalsprachen*, Frankfurt, Lang.

Muljačić (Žarko), 1982. «Tipi di lingue in Elaborazione Romanze», *Incontri linguistici* 7, 69-79.

—, 1985. «Romània, Germania e Slavia: parallelismi e differenze nella formazione delle lingue standard», *in*: Quattordio Moreschini (Adriana) (éd.), *La Formazione delle Lingue letterarie. Atti del Convegno della Società Italiana di Glottologia (Siena, 16-18 aprile 1984)*, Pise, Giardini, 39-55.

—, 1989. «Über den Begriff *Dachsprache*», *in*: Ammon (Ulrich) (éd.), *Status and Function of Languages and Language Variation*, Berlin, de Gruyter, 256-77.

Penny (Ralph), 1993. *Gramática histórica del español*, Barcelona, Ariel.

Picoche (Jacqueline), 1979. *Précis de morphologie historique du français*, Paris, Nathan.

RSG = Ernst (Gerhard)/Gleßgen (Martin-D.)/Schmitt (Christian)/Schweickard (Wolfgang) (éd.), s.p. *Romanische Sprachgeschichte / Histoire linguistique de la Romania*, Berlin/New York, de Gruyter.

Scholz (Arno), 1997. «Das Varietätenspektrum des Italienischen im Wandel», *in*: Mattheier (Klaus J.)/Radtke (Edgar) (éd.), 61-86.

Sobrero (Alberto A.), 1997. «Varietà in tumulto nel repertorio linguistico italiano», *in*: Mattheier (Klaus J.)/Radtke (Edgar), 41-59.

Stefenelli (Arnulf), 1996. *Der Wortschatz von Alessandro Manzoni in den Promessi Sposi. Die Erneuerung der italienischen Literatursprache aus dem «uso vivo (fiorentino)»*, Passau, Rothe.

Stegagno Picchio (Luciana) (éd.), 1959. *João de Barros, Diálogo em louvor da nossa linguagem. Lettura critica dell'edizione del 1540 con una introduzione su «La questione della lingua in Portogallo»*, Modena, Società Tipografica Modenese.

Teyssier (Paul), 1980. *Histoire de la langue portugaise*, Paris, P.U.F.

Vàrvaro (Alberto), 1996. «Gemeinromanische Tendenzen XII. Literatursprachenbildung», *in*: *LRL*, vol. 2/1, 528-37.

Vieillard (Françoise), 2000. Compte rendu de l'InvSyst, *CahCivMéd* 43, 294-8.

Woll (Dieter), 1994. «Portugiesisch: Sprachnormierung und Standardsprache», *in*: *LRL*, vol. 6/2, 382-98.

Zink (Gaston), 1989. *Morphologie du français médiéval*, Paris, P.U.F.

L'ARABE, D'UNE KOINÉ DIALECTALE À UNE LANGUE DE CULTURE

Résumé

Il s'agit dans cet article de montrer par quel moyen l'arabe a pu accéder du statut d'un dialecte à celui d'une grande langue de culture (facteurs internes et facteurs externes). L'appartenance à la grande famille sémitique, la synthèse que l'arabe semble représenter par rapport aux langues sémitiques septentrionales et méridionales, la régularité de ses structures morphologiques, notamment verbales, seraient autant de facteurs faisant de l'arabe, la langue la plus proche du sémitique ancien, un prototype destiné à supplanter toutes les autres langues sémitiques de culture, grâce, par ailleurs, à d'autres facteurs, en particulier l'avènement de l'Islam et la révélation du Coran. C'est ainsi que des divers dialectes arabes anciens, est née une koiné orale, devenue après codification, l'arabe littéral classique, qui a évolué vers la forme moderne par sa dynamique propre et par divers facteurs externes que je me propose d'examiner dans cette communication.

1. Naissance d'une koiné dialectale

L'arabe est une langue sémitique, pratiquée depuis environ trois millénaires par les tribus habitant la péninsule arabique. Sa position géographique en Arabie septentrionale lui permettait de faire la jonction entre les langues sémitiques du nord et celle du sud qui lui sont structurellement plus apparentées.

L'arabe ancien, tel qu'on le connaît à travers une certaine production littéraire, n'est connu que depuis le 3ème siècle de l'ère chrétienne. Sa remarquable élaboration et la richesse de son vocabulaire témoignent d'une maturation certainement longue mais dont on ne peut mesurer l'étendue.

Les variétés dialectales, consignées plus tard par la tradition grammaticale arabe, poussent à penser que la production littéraire des trois siècles précédant l'avènement de l'islam, était véhiculée dans un niveau standard, fonctionnant comme koiné, probablement élaborée à la fois dans les cours royales et dans la fameuse foire de ʃukaːdh, à l'occasion du pèlerinage à la Mecque, foire à la fois commerciale, religieuse et littéraire.

C'est vraisemblablement dans cette langue que le Coran fut révélé au début du 7ème siècle au Prophète Muhammed de la tribu marchande Quraych qui habitait la Mecque, située dans le Hijâz à l'ouest de l'Arabie centrale.

2. Spécificités structurelles de cette koiné

Jusqu'à l'avènement de l'Islam, cette langue, essentiellement orale, n'était pas encore codifiée. Ses principales caractéristiques structurelles étaient les suivantes:

• Un système phonologique proche du sémitique ancien avec une proportion élevée de gutturales (presque le quart des 28 phonèmes consonantiques).
• Un système vocalique réduit à trois timbres(u, a, i) donnant grâce à la pertinence de la durée six phonèmes vocaliques.

• Un système morphologique dérivationnel avec des verbes affixés et des pluriels externes et internes.
Ces caractéristiques, l'arabe les partageait avec les langues sémitiques méridionales. Mais il partageait par ailleurs, avec les langues sémitiques septentrionales d'autres caractéristiques dont notamment:
• la suffixation nasalisée du pluriel masculin, le passif interne, le diminutif, etc.
Ces caractéristiques semblent conférer à l'arabe le statut de la langue vivante la plus proche du sémitique ancien, ayant presque le privilège de faire la synthèse des langues sémitiques du Nord et du Sud, par son caractère médian, géographique et structurel.
Ceci prédisposait-il l'arabe à supplanter toutes les langues sémitiques de culture, en particulier l'araméen, et à devenir la plus grande langue de culture dans le monde médiéval?
Il est très difficile de l'affirmer sans la donnée fondamentale qu'est l'avènement de l'Islam et la révélation du texte coranique qui va changer radicalement le destin de cette langue, puisqu'elle passera du statut de koiné dialectale à celui de langue universelle de culture.

3. De l'arabe classique à l'arabe moderne: Conditions historiques et implications structurelles

3.1. De l'arabe ancien est né avec l'Islam l'arabe classique qui dispose désormais d'une norme incontournable et immuable qui est le Coran. C'est à partir de ce corpus de base, complété par la tradition orale préislamique, et la tradition prophétique, que les philologues arabes ont entamé la codification systématique de la langue et l'élaboration des premiers traités de grammaire et dictionnaires.
Malgré cet effort, les particularités dialectales ont persisté tout en s'intégrant dans une vision normative accordant le statut de bon usage (fasa:ḥa) à sept variétés seulement, correspondant aux sept lectures admises du Coran, conformément à l'attitude pragmatique conciliante du Prophète qui

exhortait ses fidèles à s'adresser aux nouveaux convertis arabes dans leur propre idiome.

Ces variantes dialectales que la lecture traditionnelle du Coran a consacrées, relèvent essentiellement du phonétisme (degrés d'emphase pour les consonnes et degrés d'aperture pour les voyelles, à côté de quelques variantes phonologiques de la zone palato-vélaire).

La transcription du Coran a fait évoluer la graphie arabe en l'adaptant aux nouveaux besoins par touches successives(ajout de signes vocaliques et diacritiques particuliers).

A partir de là, on peut se poser la question suivante: dans quelle mesure les structures spécifiques de cet arabe classique en développement ont-elles favorisé sa mutation d'une koiné dialectale à une langue de culture mondiale au Moyen âge, puis sa mutation en langue de culture moderne, après quelques siècles de stagnation?

3.2. Il ne s'agit pas de décrire ici les structures de l'arabe coranique (classique), mais de dégager les principales caractéristiques structurelles permettant d'appréhender l'aptitude intrinsèque de cette langue à se développer pour devenir une langue de culture et d'empire.

Pour illustrer ce fait, je prendrai la structure du mot comme modèle, car c'est essentiellement à ce niveau que la langue génère les néologismes, traite les emprunts, intègre ou rejette les unités lexicales permettant d'exprimer les concepts et les objets nouveaux.

3.2.1. La combinaison des phonèmes en arabe est très restrictive, puisque tout mot doit commencer nécessairement par une consonne suivie d'une voyelle; ce qui donne un système syllabique réduit (cv(v)et cv(v)c). Un tel système ne favorise pas assez l'intégration des emprunts.

3.2.2. La structure morphologique est fondamentalement dérivationnelle, limitée par un système paradigmatique de schèmes qui s'actualisent par l'amalgamation d'une racine consonantique avec des voyelles et des affixes. Ainsi les schèmes verbaux forment-ils un système fermé et rigoureux permettant une lecture non voyellée. Par contre les schèmes nominaux forment un système relativement plus ouvert.

3.2.3. La distribution des unités dans la phrase est en principe très libre grâce à la flexion casuelle qui affecte les noms et les adjectifs.

3.2.4. L'essentiel du lexique est formé à partir de racines triconsonantiques et secondairement quadrilitères.

3.2.5. Pour intégrer un emprunt ou générer un néologisme, l'arabe doit pouvoir l'intégrer dans l'un de ses schèmes, quitte à en dégager une racine fictive ou virtuelle (ex: recycler > raskala(RSKL). Ceci limite sa capacité d'intégration des emprunts; ex. démocratie, stratégie,etc. restent des mots hors système. Ils sont adoptés lexicalement, mais non intégrés structurellement.

3.2.6. Le pluriel des noms est exprimé de deux manières, soit par la suffixation (pluriel externe prévisible), soit par l'amalgamation d'une racine et d'un schème (pluriel interne non prévisible). Ce dernier se réalise par l'alternance vocalique(de timbre ou de durée) et/ou l'adjonction de morphonèmes, ex. 'asad/'usud/'usu:d «lion/s»; faylasu:f/fala:sifa «philosophe/s»; muslim/u:n/a:t «musulman/s/es».

Un pluriel interne est un signe d'une plus grande intégration pour les emprunts.

3.2.7. Une telle structure ne favorise pas beaucoup l'intégration des noms composés qui tendent à être traités comme des unités simples; ex: cache-col, casse croûte, chewing-gum, tournevis, etc.

3.2.8. Si le système verbal ne dispose que d'une dizaine de schèmes fonctionnels, essentiellement trilitères, leur dérivation d'un étymon de base permet d'exprimer des nuances d'une grande finesse; ex:qatala «tuer» /qattala «massacrer» (par simple doublement de la seconde radicale)/qâtala «combattre»(par allongement de la première voyelle), etc.

Par contre, la valeur aspectuelle du verbe arabe (accompli/inaccompli) et modale (inaccompli indicatif, subjonctif et jussif), n'a rien de commun avec la complexité du système français par exemple.

Un tel système est à la fois souple et rigide: il est souple par la dérivation qui permet de générer des formes exprimant une multitude de nuances, de puiser dans un stock inépuisable de formes virtuelles que le système recèle en puissance et qui fonctionnent comme une réserve; en effet aucune racine ne couvre toutes les formes dérivées tant verbales que nominales. On pourrait même affirmer que les unités que le système libère dans le discours reflétant la performance des locuteurs, sont moins nombreuses que les formes virtuelles qui, actualisées, accèdent au statut d'unités du discours.

Cependant, un tel système est par ailleurs rigide car il maintient les unités d'emprunt par exemple, hors système, en les stigmatisant par leur racine virtuelle, par l'absence de racine ou par leur structure syllabique hors norme, sans parler des limites de la composition et de l'affixation.

Dans quelle mesure les limites de ce système ont-elles été dépassées en arabe moderne?

3.3. L'arabe moderne est aujourd'hui pratiqué dans une aire géographique très vaste, du golfe à l'atlantique; les variantes sont à la fois géographiques et sociales. Mais ce qui est important à noter, c'est l'écart qui s'est creusé avec le temps entre le littéral et le dialectal, tout au long des siècles de stagnation où le dialectal a continué à évoluer comme tout idiome vivant, et le littéral a cessé d'être un vecteur de développement pour se limiter à la fonction de conservation du patrimoine, tout en subissant l'influence du dialectal à tous les niveaux.

3.3.1. En effet sa phonologie s'est différenciée, sa structure syllabique s'est diversifiée, sa morphologie s'est distinguée par la perte des désinences flexionnelles; du duel il n'est resté que des vestiges; l'alternance vocalique du système verbal s'est radicalement modifiée.

Malgré l'impact de ces changements sur le littéral, l'écart entre ses variantes régionales est moins accusé qu'entre les variantes dialectales.
3.3.2. Ce qu'on appelle la Renaissance arabe, depuis le début du 19è.s, a vu l'arabe littéral reprendre sa dynamique tant interne qu'externe(influence des langues étrangères par les contacts et la traduction avec un foisonnement de néologismes, d'emprunts et de calques divers).

L'arabe moderne, sous l'influence conjuguée des langues étrangères et de ses parlers, s'est beaucoup développé en s'assouplissant et en élargissant la marge d'erreur tolérée à l'oral: une structure phrastique calquée comme «les professeurs et les étudiants de l'E.N.S.» coexiste avec la norme classique «les professeurs de l'E.N.S. et ses étudiants».
3.3.3. Ainsi, l'arabe classique était-il considéré comme une seule langue ayant des variantes tribales, puis régionales, hiérarchisées par la norme des grammairiens en bon et mauvais usage.

L'arabe littéral moderne a lui aussi des variantes régionales; mais il a également des niveaux parlés qu'on pourrait typologiquement considérer comme des langues différentes structurellement bien qu'elles soient apparentées. Cependant, les facteurs de divergence consacrant la diglossie nous semblent plus atténués que les facteurs de convergence, visiblement de plus en plus prépondérants; citons en particulier l'enseignement, l'alphabétisation, les moyens d'information et de culture, les mouvements sociaux, etc.

On assiste donc à un nouvel équilibre linguistique qui s'instaure dans tout le monde arabe, grâce à l'émergence de registres intermédiaires qui se développent notamment depuis un demi siècle:
— un registre littéral moderne simplifié sur le plan morphosyntaxique, usant du calque sur les parlers et les langues étrangères, notamment le français au Maghreb et l'anglais au Machrek.
— un registre dialectal «littéralisé» puisant dans le lexique du littéral et lui empruntant certaines tournures et expressions.

A mes yeux, l'arabe moderne, n'est pas le littéral opposé au dialectal, comme il est communément admis, mais une langue ayant un spectre large et varié, pouvant remonter aux confins du classique — sous l'influence toujours remarquable du Coran — et balancer du côté de l'idiome le plus populaire.

C'est à mon avis, le sens de l'évolution qui se dessine actuellement.
3.3.4. Il va de soi que ces registres ne sont pas substituables, mais coexistent et s'influencent réciproquement dans une dynamique de répartition socio-culturelle:

Dans la vie courante, au marché par exemple, il ne serait même pas précieux, mais ridicule de parler littéral. Mais si un analphabète ne peut utiliser que le dialectal, un lettré peut passer confortablement d'un registre à un autre, en procédant à une distribution complémentaire qui n'est pas suffisamment étudiée.

Si l'on prend la Tunisie comme exemple, on pourrait dire que c'est le français qui est le principal concurrent de l'arabe, en tant que langue d'activité quotidienne, créant une situation de bilinguisme où le français jouit encore du statut de langue seconde.

On pourrait brosser un tableau schématique dans les secteurs d'activité les plus importants, dont notamment l'enseignement à tous les niveaux où la situation n'est pas la même du primaire au supérieur puisque l'usage de l'arabe comme langue véhiculaire du savoir est plus important à la base qu'au sommet. Il est à noter que cet usage se rétrécit en passant des sciences humaines aux sciences expérimentale. Ceci ne manque pas de répercussion sur le choix de la langue dans la production scientifique universitaire.

Les autres domaines sont: l'administration (où l'arabisation gagne du terrain à vue d'œil), le monde des affaires, plus dominé par les langues étrangères, notamment le français, talonné timidement mais de plus en plus par l'anglais. Quant au domaine des médias, il mérite une étude à part; mais la place du français — bien qu'en régression — y reste assez importante. Il y aurait également une étude à faire sur la place du français dans la production littéraire où elle est encore loin d'être négligeable.

Certes, le français semble, d'une manière générale, avoir perdu progressivement de son prestige, au cours du dernier quart de siècle. Mais malgré cela l'une des séquelles les plus voyantes de ce bilinguisme est le mélange s'apparentant au code switching (arabe dialectal et français), qu'on observe aussi au Maroc et en Algérie.

En conclusion, on peut relever les faits suivants:

1 — L'arabe, sous sa forme littérale, est l'une des plus anciennes langues vivantes du monde. La plupart des langues classiques ou anciennes qui ont survécu, l'ont été sous une forme dialectale élevée au rang de langue officielle standard. Mais l'arabe a continué à développer parallèlement deux registres qui s'influencent réciproquement et qui évoluent de l'antagonisme vers la complémentarité.

2 — C'est une langue dont la fonction esthétique est importante, non seulement aux yeux des Arabes qui la vénèrent, mais également aux yeux des arabisants occidentaux qui l'ont étudiée. Sur ce plan les témoignages ne manquent pas.

3 — Ses qualités structurelles intrinsèques ne sont pas négligeables, mais elle doit son rayonnement historique impressionnant, en premier lieu, à la religion musulmane et au fait d'avoir été le véhicule d'un texte sacré, le Coran, dont «le caractère inimitable»('iʃjaːz) fut considéré comme le miracle de l'Islam.

Les Arabes la considèrent sous sa forme littérale, comme le symbole de leur unité, au moins culturelle et spirituelle, symbole auquel ils sont particulièrement attachés.

4 — Un nombre impressionnant d'ouvrages et d'études lui ont été consacrés depuis sa codification il y a environ quatorze siècles. Mais malgré cela,

des lacunes importantes persistent, notamment l'absence d'un dictionnaire historique et étymologique et l'insuffisance patente des études dialectologiques.

Taieb BACCOUCHE
Université de Tunis 1

Abstract

This paper proposes to show the factors that made Arabic change from the status of a dialect to that of an important language of culture (intrinsic and extrinsic factors).

Its belonging to the great semitic family, the synthesis that Arabic seems to represent with regard to northern and southern semitic languages, the regurality of its morphological and in particular verbal structures, are all factors having contributed to make of this language which is the closest one to the ancient semitic, a prototype capable to supplant all the other semitic languages of cultures. Beside that, other factors could be added, in particular the advent of Islam and the revelation of the koran.

Thus, from the various ancient Arabic dialects, an oral koine was born, and having been codified, it became classical Arabic which had developed into its modern form thanks to its own dynamics and to other external factors that we propose to consider in this paper.

Bibliographie sommaire

BACCOUCHE, T. (1973), *Attasri:f l- ʕarabiy*, (= *la morphologie arabe*) Tunis, 3ème éd.1992.

ID. (1974), «Esquisse d'une étude comparative des schèmes des verbes en arabe classique et en arabe tunisien» *Cahiers de Tunisie*, T.22, 1974, n.87-88, pp.167-176.

ID. (1994) *L'emprunt en arabe moderne*, Tunis.

CANTINEAU, J. (1960), *Etudes de linguistique arabe*, Paris, Klincksieck 1960.

COHEN, D. (1970), *Etudes de linguistique sémitique et arabe*, Paris-LaHaye, 1970.

ID. (sans date), «Langue arabe»*Encyclopédie universalis*, pp.423-430.

FÜCK, J (1955),.*Arabiyya, Recherches sur l'histoire de la langue et du style arabes*,Trad.fr. Déniseau, Paris.

Collectifs:

«Arabiyya» *Encyclopédie de l'Islam*, pp.579-622.

Travaux de phonologie (1969) Cahiers du CERES, série linguistique2, Tunis.

*Quelques apects du bilinguisme en Tunisi*e (1970*)*, Cahiers du CERES, série linguistique 3, Tunis.

CONTACTS ET DYNAMIQUE(S) DU CONTACT: À PROPOS DES ALLIANCES DE LANGUES, DES KOINÈ ET DES PROCESSUS DE LEUR ACTUALISATION

Résumé

Dans la zone sahelo-saharienne le songhay est une langue plutôt simple du point de vue typologique et morphologique qui possède un statut de lingua franca. Après quelques considérations concernant la dynamique de l'évolution des codes et la notion de répertoire, j'ai abordé sa diversification par une exploration interne au cours de laquelle je me suis intéressé à ses fonctionnalités et à leur incidence sur la forme du code puis, par une exploration externe, en examinant dans l'espace de convergence qu'il partage avec le mandé, certaines des affinités manifestées (phonétiques, phonologiques, morphologiques et syntaxiques). Enfin, je me suis intéressé au rapport forme / fonction en revenant sur la question de la structure S+aux+V+O propre au songhay occidental; je soulignerai pour la compréhension de l'évolution, l'importance d'une saisie qui tienne compte de la stratification des phénomènes.

1. Positions

Dans la zone sahelo-saharienne le songhay est une langue assez simple du point de vue typologique et morphologique qui, dans ses fonctions traditionnelles d'usage, possède un statut de *lingua franca* plutôt que de *koinè*; c'est un matériau riche pour réfléchir sur la qualité acquise ou préalable des propriétés structurales des langues de communication, en général. De ce point de vue, si l'on devait généraliser à partir de son cas, l'inspection de ses formes et de son utilisation inciterait à conclure que *le «choix» de l'usage d'une langue donnée comme véhiculaire ne relève pas d'une évaluation de ses caractéristiques formelles mais plutôt de la contingence et des contraintes des rapports intercommunautaires.* Parallèlement, ce que le songhay montre contribue à élargir le questionnement sur l'évolution des codes, sur la notion de répertoire mais aussi sur les principes de description des dynamiques mises en jeu; il semble à tout le moins justifier les positions suivantes sur ces points:

a) *la dynamique de l'évolution des codes*

Les fonctionnalités macro-sociolinguistiques généralement attribuées aux codes sont des déterminants évidents (mécaniques?) de son évolution, mais à côté de cela, les effets supposés de la façon dont les locuteurs ont manifesté, manifestent ou ne manifestent pas une attention particulière aux représentations normatives liées au(x) code(s) de la langue qu'ils utilisent sont tout aussi déterminants pour l'évolution. Sont donc pertinentes:

— *l'attention que les sujets parlants portent à la norme d'usage* et la façon dont ils se situent par rapport à elle;

— *les stratégies*, objectivées ou non, de gestion des fonctions des codes dans le répertoire partagé de l'espace communautaire;

— *l'attitude des «sujets parlants»* selon qu'ils se définissent ou pas comme «membre d'une communauté» donnée, emblématiquement (im)posée, et dont la langue est (ou n'est pas) un symbole.

b) la notion de répertoire

Il importe de prendre en compte non pas *«la langue»* mais le *répertoire global* des locuteurs dans sa fonctionnalisation, dans sa dynamique et dans tout son substrat anthropologique. C'est-à-dire avec l'ensemble des «données contextuelles» accessibles — sociologiques, historiques, économiques, culturelles — qui sont déterminantes dans le choix, l'actualisation et la re-élaboration continue des codes / formes disponibles et qui sont susceptibles d'être partagées par tous ceux qui interviennent dans le *tissu communautaire*, défini non par ses frontières mais autant que possible par sa structuration interne.

c. la dynamique de la description

Il n'est pas certain que ce qui paraît «évident» en ce qui concerne la construction des identités dans des contextes culturels déterminés par des réalités transmises *aujourd'hui* comme allant de soi, telles que des représentations ethniques, linguistiques, culturelles et les stratégies afférentes, soit autre chose qu'un *«universel culturel conjoncturellement construit»* et transmis parmi d'autres.

Je vais maintenant approcher les faits songhay en deux temps. Tout d'abord par une exploration interne où je m'intéressai à ses fonctionnalités et à leur incidence sur la forme du code avant d'aborder la notion de *koinè*; ensuite par une exploration externe, en examinant l'espace de convergence qu'il partage avec le mandé. Enfin, en m'intéressant au rapport *forme / fonction* sous-jacent aux dynamiques supposées, je soulignerai l'importance d'une saisie qui tient compte de la stratification des phénomènes.

2. Cadrage

Formes et fonctionnalités, en général

— au plan formel, il s'agit, *dans toutes ses variétés*, d'une langue de type plutôt 'analytique' aussi bien dans sa morphologie, qui est simple, que dans son élaboration lexicale qui use largement de la composition;

— il s'insère dans un *contexte où le plurilinguisme est toujours présent.* Tout au moins le contact avec des populations non-songhayphones est traditionnel que ce soit au plan économique, historique ou politique;
— il a fonctionné et fonctionne encore — même si ce n'est pas partout comme véhiculaire dominant — en tant que *lingua franca* dans quasiment tous les espaces où il est présent;
— si, dans de nombreux espaces régionaux il est effectivement la langue de groupes différents qui participent aux mêmes structures économiques, politiques, et qui se reconnaissent par rapport à un même arrière-plan de traditions historico-culturelles, *il n'est cependant jamais assignable sans réserve à un «groupe ethnique»* particulier;
— suite à son utilisation en tant que *lingua franca, des phénomènes d'appropriation se sont manifestés* dans certaines communautés ethniques, lesquels ont eu dans quelques cas des effets linguistiques ayant conduit à transformer en langue vernaculaire propre à ces groupes ce qui était auparavant un simple outil de communication étendue;
— ces transformations ne se sont bien évidemment pas produites sans laisser des *traces dans les formes du code*; ainsi toute une série de modifications formelles et de faits de *contamination linguistique* sont constatés, lesquels peuvent avoir une importance suffisante pour entraîner un effet de rupture typologique par rapport aux structures originelles;
— dans tous les espaces considérés il existe, ce qui va de soi, des variétés dialectales et des variétés sociales.

Les emplois du songhay

Appréhendé sur un autre plan, on pourrait tout aussi bien classer les «*emplois du songhay*» en distinguant entre ses fonctionnalités, qui ne sont pas exclusives les unes des autres et s'articulent sur le croisement non-contraint des trois axes/dimensions suivants: '*urbain/non-urbain*', '*vernaculaire/véhiculaire*' et '*nomade/sédentaire*'. Par exemple:

> *urbains* (Djenné, Gao, Tombouctou, *Agadès, …),
> *non-urbains* mais sédentaires (le pays kaado, les différents «hinterlands» des centres urbains),
> *nomades* en tant que *lingua franca* (Boucle du Niger, Gourma),
> *sédentaires* en tant que *lingua franca* (pays dendi),
> *vernaculaires* ou «grégaires» en *zone nomade* (Igdalen, Iberogan, Idaksahak),
> *vernaculaires* ou «grégaires» en *zone sédentaire* (villages marensé du Burkina, oasis de In-Gall, de Tabelbala) ou situation d'émigration (Ghana, mais aussi Soudan, etc.).

Enfin, il faudrait ajouter au tableau ce qui relève des dynamiques sociales, économiques et politiques actuelles, liées à l'histoire, à l'urbanisation et à l'émergence des Etats Nations et des identités (re)constituées: langues officielles, langues nationales, langues d'alphabétisation, etc. Et c'est peut-être là, dans ces fonctions nouvelles, si l'émergence d'une *koinè* devait se produire, qu'elle se matérialiserait; c'est-à-dire dans un cadre de référence anthropologiquement extérieur à ses dynamiques traditionnelles.

Observations «géo-linguistiques»

Corrélativement, quelques observations linguistiques sont intéressantes si l'on s'attache à la synthèse géographique du phénomène: *au niveau phonologique*, on peut remarquer que sur certaines de ses frontières le songhay s'est singulièrement *«rapproché»* des langues du contact. C'est ainsi, par exemple, que dans la continuité de l'aire du songhay occidental, de nombreuses langues du mandé nord (soninké, bambara, mandinka, malinké, etc.) se trouvent également ne pas posséder le même phonème /**z**/, qui a disparu de l'inventaire phonologique de quasiment tous les parlers du songhay occidental, tandis qu'au sud, les traits phonologiques du dendi sont très voisins de ceux qui sont réputés appartenir à l'aire des langues kwa et que le songhay septentrional connaît des évolutions qui le rapprochent du touareg au point qu'on a parlé de langue mixte à son sujet.

Toutefois cela ne permet pas pour autant de supposer que le phénomène de «contagion» résulte d'un unique processus car, à d'autres niveaux de la langue, la situation entre les variétés est très différente et l'on peut établir d'autres frontières. Ainsi, par exemple, *au niveau lexical*, le dendi n'a fait que des emprunts limités aux langues de contact (en tout cas, guère plus nombreux que ceux qui caractérisent d'autres langues voisines appartenant au même groupe, comme le zarma) à la différence du songhay septentrional qui présente un vocabulaire d'origine touarègue qui correspond à plus de la moitié de son stock lexical et un vocabulaire de base d'origine essentiellement songhay, ce qui ne peut pas ne pas traduire une différence dans la fonctionnalisation des langues. Par ailleurs, *au niveau morphosyntaxique*, la structure d'énoncé du songhay connaît l'ordre {S Aux O V} tandis que c'est l'ordre {S Aux V O} qui prévaut en songhay occidental et septentrional, soit donc dans deux variétés linguistiques qui résultent de façon évidente de la vernacularisation d'une forme véhiculaire de la langue. Par ailleurs c'est un phénomène qui, en l'occurrence, ne semble s'expliquer par aucun «contact» particulier car aucune des langues du contact ne possède ce schéma et de plus il ne semble explicable par aucune évolution interne. La question de savoir à quoi attribuer cette évolution particulière que ni les «tendances structurales» ni «l'effet du contact» ne justifie s'est posée, et l'on y reviendra ultérieurement.

Véhicularité

Finalement, on constate que le songhay ne s'est jamais dépris d'une fonction de communication étendue et que dans les rares cas où il ne la possède plus c'est lorsque de petits groupes ont eu à (re)construire une identité dans un contexte plus ou moins précaire: émigration ou rupture dans le tissu communautaire. Il est donc à peu près évident qu'une (ou des) forme(s) véhiculaire(s) du songhay, stable(s) dans sa/leur(s) fonction(s) sinon dans sa/leurs forme(s), s'est / se sont développée(s) sur les bords du fleuve Niger et le long des voies caravanières, qu'elle(s) servai(en)t de *lingua franca* (ce qui n'est pas équivalent à une *koinè*) et probablement aussi, à certaines époques (celle de l'Empire Songhay étant la plus évidente), de langue d'organisation politique. Il est fort probable que ce(s) véhiculaire(s) se soi(en)t développé(s) très tôt; peut être existai(en)t-il(s) déjà lors de la fondation de Tombouctou car, compte tenu de sa/leur fonction économique, il n'y a aucune raison de supposer que son/leur développement ait été directement lié à la croissance de l'Empire Songhay ni qu'il ait attendu son expansion politique.

Le fait qu'il(s) ai(en)t pu être retenu(s) par de nombreuses communautés comme première langue incite à croire que ses/leurs fonctions dépassaient largement la relation de marché.

Le fait que des communautés se le(s) soient approprié(s) et les/l'aient drastiquement transformé(s) plaide pour *une indépendance de ses constructions normatives* par rapport à la norme des formes non véhiculaires et suggère par là même:

— *une non prise en compte* des modèles véhiculés par les populations songhay détentrices d'une tradition «indigène»,
— *une indépendance* entre les nouvelles communautés qui re-élaboraient des formes vernaculaires de la langue.

Et cela s'inscrit bien évidemment dans la forme actuelle des langues, ce qui fonde ma première remarque, que *les fonctionnalités sociolinguistiques attribuées au code semblent être des déterminants importants pour son évolution.*

3. Evolutions

Dynamiques endocentrées / exocentrées

En rapport avec ces considérations et en croisant à la fois des critères anthropologico-historiques et un critère morphologique comme celui de la forme de la détermination des substantifs (peut-être *ad hoc* mais cependant utile), on peut distinguer parmi les évolutions de la langue, entre deux blocs différenciés par rapport à d'anciennes fonctions sociolinguistiques supposées:

— le songhay-zarma (SZ), *groupe endocentré* dont les évolutions sont attestées par trois grandes unités dialectales: le songhay oriental, le kaado et le zarma, à l'intérieur duquel l'intercompréhension est complète. La désignation *'endocentré'* veut dire ici que, du point de vue du linguiste, l'on ne trouve dans ce sous-ensemble que très peu de traits susceptibles d'être analysés comme le résultat d'une contamination par une langue voisine. Cela donne à penser qu'une *norme de référence*,

implicite ou explicitée, était a*ctive à l'arrière-plan retenue et éventuellement reconnue par la communauté* qui l'utilisait, même si son répertoire était caractérisé par des variétés fonctionnellement différentes de
la langue;
— le songhay véhiculaire (SV), *groupe exocentré*, bloc attesté par les
autres dialectes (songhay occidental, septentrional, dendi, …). Il semble
s'être cristallisé uniquement à partir des usages véhiculaires de la
langue et il est caractérisé par des traits qui peuvent être interprétés
comme des faits de réduction (c'est tout particulièrement le cas de la
perte du spécifique dans la détermination nominale que j'ai précédemment mentionnée) et par des restructurations formelles ultérieures
conduites indépendamment dans chacun des espaces de son actualisation.

Concrètement, la modification concernant la détermination nominale
consiste en la perte du morphème *o/a* «spécifique singulier» et du morphème *ay* «spécifique pluriel» qui sont conservés dans tout le songhay
oriental, le kaado et le zarma. La notion de «spécifique» ou de «défini» est
alors «classiquement» rendue par un démonstratif: *di(n)* en songhay occidental et en dendi. Toutefois l'ordre séquentiel retenu est différent dans les
deux dialectes. En songhay septentrional l'élément démonstratif utilisé pour
spécifier est *ɣo* ou a*ɣo* selon les dialectes:

Dendi:	fuyõmdi	« maisons là».
Songhay occid.:	baridiyo	«chevaux».
Sgh. Sept.(tasawaq):	huggu ɣo	«maison là».

Ainsi tout se passe comme si la réduction avait agi partout mais que les
moyens mis en œuvre pour remplacer la distinction perdue étaient différents et ne présentaient pas non plus le même stade évolutif dans la reconstruction catégorielle.

Revernacularisations

Dans ce cas, on pensera aux effets d'*une focalisation plus importante sur
les fonctions de communication* mais aussi, corrélativement, à *une perte des
repères normatifs* dans une population plurilingue qui, en tout état de cause,
ne devait pas se sentir concernée par les présupposés et attendus sociaux
véhiculés par la norme endogène propre au «monde songhayphone».
Laquelle s'est conservée dans le songhay-zarma. Et l'on retrouve-là, l'illustration d'une de mes propositions initiales: *l'attention que les sujets parlants portent à la norme d'usage et la façon dont ils se situent par rapport
à elle est déterminante pour l'évolution du/des code(s).*
Ceci étant, la distinction 'endocentré/exocentré' ne suffit pas pour expliquer l'état actuel des dialectes. Il faut de plus admettre que des formes du
songhay véhiculaire se sont *(re)vernacularisées*. L'exemple le plus net se

trouve dans le domaine septentrional où les populations qui utilisaient le véhiculaire, nécessairement bilingues à l'origine, si elles n'ont pas abandonné l'usage de leur langue maternelle initiale, ont à tout le moins *modifié l'ordre et la nature des fonctions sociolinguistiques attribuées aux codes de leur répertoire*. Dans le domaine le plus méridional, en pays dendi, la situation est sensiblement différente mais manifeste aussi une rupture dans le maintien de la tradition normative par rapport aux populations plus «centrales».

On supposera que les différentes refonctionnalisations des codes dans le répertoire des communautés qui utilisaient les formes du songhay véhiculaire, et qui résultent des transformations dans les rapports intercommunautaires, sont un facteur essentiel pour la modification formelle de la langue. Ce qui est en rapport avec une autre des remarques initiales: *les stratégies, objectivées ou non, de gestion des fonctions des codes dans le répertoire sont déterminantes pour leur évolution*.

Je laisse toutefois en suspens la question, tout à fait importante pour les songhayisants, de savoir si la *lingua franca* utilisée correspondait à une variété unique ou à plusieurs variétés localement différenciées; s'il s'agissait de formes «stabilisées» ou de formes «variables» liées à un usage peu ou pas normé.

Il y a donc ici un processus de «contamination» linguistique qui *accompagne* la (re)vernacularisation des variétés de la langue et qui traduit une situation où, en s'appropriant la langue véhiculaire pour leur usage interne, *les locuteurs vont modifier leur système de références normatives*: tout montre qu'ils appliquent au code les normes phonétiques, langagières et discursives de la pratique vernaculaire courante dans leur communauté originelle dans le même temps qu'ils les transforment en les développant comme leurs normes propres, ce qui crée une *rupture* de fait par rapport à la transmission de la tradition normative «endogène» du songhay. On conçoit donc qu'il puisse y avoir continuité dans la transmission du matériau linguistique (les formes matérielles du code)[1] et/ou dans la transmission des modes de structuration typologique (organisation phonologique et morphosyntaxique) sans qu'il y ait pour autant continuité dans la transmission des traditions normatives qui s'appliquent sur la langue.

Ces ruptures montrent aussi que la référence aux normes et leur rétention *n'est pas une nécessité* et *qu'il ne va pas de soi de les retenir absolument dans les constructions identitaires*. Parmi les facteurs conditionnants de l'évolution on reconnaîtra donc des contraintes de nécessité de communication, une attention variable envers les références normatives et un jeu sur les «*mises en normes*» linguistiques.

Mais dans le même temps, certaines des communautés conservant des liens entre-elles, on doit aussi considérer l'éventualité de la maintenance

---

1. C'est cette continuité-là, pour l'essentiel établie sur l'étude des formes matérielles, qui a toujours servi pour la mise en évidence de la preuve de parenté généalogique. Cf. Nicolaï (1990, 2000), pour une approche de la question.

reconnue (supposée?) du contact avec les variétés centrales de la langue et ses normes. Et si quelque chose ressemblant à un processus de koinéisation pouvait éventuellement être reconnu, c'est certainement dans ce contexte particulier, là où une articulation et un clivage potentiel des deux codes dans un même répertoire est possible, qu'il se manifesterait; bien que je ne trouve pas qu'il soit pertinent de souscrire à une telle interprétation ici. En effet, il me paraît plus adapté de rendre compte de l'un ou l'autre des états du songhay occidental ou du dendi ou du songhay septentrional, en supposant tout simplement l'utilisation généralisée de la langue dans la fonction étendue de *lingua franca* laquelle aura entraîné une étape de simplification corrélative à sa véhicularisation, tout en se restructurant, à travers une étape de «*nativisation*» qui se traduit par sa vernacularisation, effectuée dans le cadre d'une situation de contact plurilingue et pluridialectal inscrite dans la durée. Bien évidemment les contacts avec le «songhay traditionnel» ont pu, dans certains cas, permettre un rapprochement ou limiter un éloignement des formes (cf. un parallélisme avec les processus de '*décréolisation*'), mais cela n'implique pas que la nécessité d'une référence «emblématique» à une norme d'usage ait besoin d'être retenue. On trouvera, là encore, un élément pour soutenir que *l'attitude des «sujets parlants» — selon qu'ils se définissent ou pas comme «membres d'une communauté» donnée emblématiquement (im)posée et dont la langue est (ou n'est pas) un symbole — est déterminante pour l'évolution du/des codes.*

Questions de koinè

A la vue de ce qui précède, dans quelle mesure pourrait-on parler de *koinè* à propos de l'une ou l'autre des formes actuelles du songhay? Pour répondre à cette question il faut tout d'abord s'entendre sur la notion, largement floue dans son usage actuel; je me référerai à une présentation bien documentée proposée par Siegel (1985). Cet auteur a tout particulièrement remarqué que parmi les langues définies comme telles, très peu possèdent l'ensemble des traits formels de la *koinè* originale [hellène] et il met en rapport (cf. Table 1) un ensemble de traits considérés comme pertinents pour la caractérisation d'une *koinè* avec les définitions retenues par les auteurs auxquels il s'est référé. Cela permet de prendre la mesure de la variabilité de la notion. Finalement, il retient comme '*koinè*' l'élaboration linguistiquement stabilisée d'un mélange de sous-systèmes tels que des dialectes régionaux ou littéraires, lequel est habituellement utilisé comme *lingua franca* entre les locuteurs des différentes variétés participantes et caractérisé par un mélange de traits de ces variétés, le plus souvent en rapport avec des faits de réduction ou des simplifications, mais pas nécessairement. Ce qui est en question ici est donc plutôt l'élaboration d'un parler supralocal permettant d'assurer la communication à l'intérieur d'une zone dialectalisée. Puis il distinguera fonctionnellement entre deux types: *koinè régionale* et *koinè d'immigration*. Le premier résulte le plus souvent du contact entre des dialectes régionaux d'une même langue (cf. grec, arabe colloquial, serbo-croate) dans son espace de référence tandis que le deuxième, qui peut aussi être né du contact entre des dialectes régionaux, ne s'actualise pas dans la région d'origine mais dans un lieu d'immigration; il peut, éventuellement, devenir la langue première de la communauté immigrante en remplacement des dialectes antérieurs (cf. fiji industani, hébreu israélien, japonais hawaiien). Sont donc pris en compte dans l'élaboration de la notion: les *caractères linguistiques* du code (manifestant des effets de restructuration en rapport avec les dynamiques qui le concernent), le *type de fonctionnalité* qu'il satisfait (communication étendue, etc.), la *nature du répertoire* communautaire (plurilingue, dialectalement stratifié ou non), le *contexte situationnnel* (contexte d'immigration ou non, etc.) et finalement le *cadrage normatif* dans lequel s'inscrit la dynamique globale de structuration (élaboration d'un standard, usage informel, «pressions» diverses, etc.). Bien évidemment dans ce contexte l'évaluation du prestige attaché à la forme supra-locale est posée: *a priori* la simple référence à un standard de communication n'est pas spécialement prestigieuse, mais cela peut fortement changer s'il se greffe là dessus d'autres éléments de prestige. Finalement, une fois dégagée des caractères de sa contextualisation, la dynamique qui entraîne à la création des *koinè* apparaît comme un cas particulier de celle qui est à l'œuvre dans l'élaboration des langues véhiculaires en général.

Pour en revenir au songhay, l'évolution de ses formes exocentrées s'explique davantage par un contact interlinguistique que par un contact interdialectal et malgré la dialectalisation — éventuellement corrélative d'élaborations «ethniques» — qui le caractérise, toutes formes confondues, il n'est guère possible d'identifier la matérialité d'une quelconque stratification qui serait isomorphe à l'un ou à l'autre des schémas de formation des *koinè* selon les définitions traditionnelles. Aucune étude n'a encore permis de montrer ce qui serait une hiérarchie, un usage diglossique ou une autre manifestation susceptible de traduire une stratification dialectale suggérant une *koinè* que l'on distingue ici très nettement d'une *lingua franca*. La distinction précédente entre un songhay *endocentré* et un songhay *exocentré* ne répond pas à cette question de savoir s'il a existé dans l'espace endocentré une *koinè régionale*; de même, il est peu probable les variétés actualisées dans l'espace exocentré aient pu résulter d'un processus semblable à celui la stabilisation d'une *koinè d'immigration*.

Le critère de la simplification / réduction linguistique des formes n'est pas non plus très efficace car d'une part il n'est pas nécessaire à la définition de la *koinè* et d'autre part il se trouve que dans le cas du songhay, les indices linguistiques de simplification et/ou de transformation structurale des catégories du code tels ceux que Lacroix avait pu mettre en évidence dans ce qu'il a nommé la *koinè* peule de Ngaoundéré ne trouvent pas d'équivalent. En effet le songhay est, dans toutes ses variétés une langue morphologiquement simple à la différence de la plupart des langues voisines (peul, touareg, etc.). Il est en cela — comme on le verra — très proche

des langues du mandé nord et il n'est donc pas un bon matériau pour
constater des effets drastiques de simplification.

De plus, indépendamment des «hypothèses socio-historico-linguistiques»
nécessaires pour «décider» de ce à quoi nous avons vraiment affaire aujour-
d'hui en songhay, il nous manque une étude des usages actuels de la langue
qui mettrait en évidence la nature et la dynamique réelle des répertoires dialectaux (?) (actifs ou passifs) des communautés à travers l'emploi qu'elles en
font. Appréhender la stratification, la richesse, et somme toute l'organisation
et la fonctionnalisation de ces répertoires dans leurs usages et leurs représentations, situer ce que l'on décrit comme registres ou autres niveaux et usages,
est un travail qui me semble nécessaire pour situer la notion de *koinè*. Et ce
travail dépasse la simple recension des références socio-historiques et des
inévitables pré-catégorisations de la première approche de «terrain». En
conclusion, pour en savoir davantage sur la question des *koinè* dans un
contexte anthropologique tel celui qui est ici appréhendé, il serait important
de procéder à l'étude du répertoire global des locuteurs et de sa fonctionnalisation saisie dans son épaisseur, linguistique et sociolinguistique, ce qui ne
saurait se faire par la seule utilisation des outils de description de la monographie linguistique de terrain classique: le contexte anthropologique n'est
pas abordé (entendons par-là l'ensemble des questionnements qui font appel
aux *«données contextuelles»* — sociologiques, historiques, économiques,
culturelles — déterminantes dans le choix et l'emploi et l'actualisation des
variétés disponibles dans les répertoires linguistiques partagés dans le tissu
communautaire).

Parallèlement, il n'est pas inutile de se questionner sur *l'impliqué* des
modèles: on élaborera par exemple une *description dialectale* en supposant
qu'il existe une *représentation stable* de la langue, que l'idiolecte de *l'in-
formateur est représentatif* de l'usage d'une communauté, qu'il existe un
système de normes sur lequel un accord peut être obtenu, qu'il y a éventuellement des gardiens de cette norme, humains ou scripturaux, et que
d'une façon ou d'une autre on peut s'y référer. Par contre peu de linguistes
envisageraient de décrire le français parlé par la population abidjanaise ou
burkinabé avec les mêmes outils conceptuels que ceux que l'on retiendrait
pour rendre compte du français parlé dans telle ou telle communauté bre-
tonne, provençale ou tourangelle. Corrélativement, l'utilisation de ces
outils, prédéterminée par l'idée que l'on s'est fait de l'objet, va condition-
ner et déterminer son analyse. Le choix d'une hypothèse *a priori* concernant la nature de l'objet décrit aura donc déterminé le «compte rendu» qui
en sera fait; et en conséquence, puisque l'on ne peut pas ne pas faire d'hypothèses, il est tout à fait légitime d'une part, de les documenter au maximum et d'autre part, de limiter au maximum le poids des présuppositions
qu'induit nécessairement leur ancrage dans des références historiques. C'est
aussi pourquoi, des concepts tels ceux de *koinè, créole, pidgin, véhiculaire*
ou *lingua franca* sont «marqués» et restent «flous» malgré les efforts faits
par la plupart des linguistes pour les redéfinir.

4. Sprachbünde

L'aire de convergence mandé-songhay

Toutefois, les fonctionnalités sociolinguistiques et les transformations linguistiques qui viennent d'être présentées ne sont pas les seuls phénomènes intéressants pour notre propos et il peut être encore utile de changer d'échelle et de comparer, toutes langues confondues, le groupe songhay avec les langues du mandé nord. En effet sa participation bien connue à une *aire de convergence* mandé-songhay permet d'élargir l'horizon: voici donc quelques remarques utiles à propos de certaines affinités phonétiques, morphologiques et syntaxiques.

Affinités phonétiques et phonologiques

Au plan phonologique, l'organisation simple des systèmes dans les langues mandé et songhay ne se prête guère à de grandes conjectures; pourtant la comparaison est suggestive sur quelques points et les deux remarques qui suivent, concernant le phonème /**p**/ et l'évolution de /**z**/ en songhay occidental ont cette qualité, de montrer comment l'observation de détail permet d'appréhender la stratification des dynamiques mises en jeu. *Le phonème /p/.* On a pu remarquer que /p/ est absent de nombreuses langues de l'Afrique occidentale, ou bien fonctionne défectivement en étant lié à un trait sémantique d'expressivité. Houis soulignait à ce propos l'existence de trois classes: celle des idéophones (*pati, pẽ, peretuperetu, pet*, etc.), celle des interjections et une classe de verbo-nominaux (*patapata* «*frétiller*», *pɛdɛ* «*donner une chiquenaude*»), qui partagent tous ce trait sémantique d'expressivité. La plupart des langues mandé de la région partagent ce caractère avec le songhay.

L'intérêt du phénomène est double puisqu'il concerne à la fois *l'expressivité dans la langue* (idéophones, exclamations) et *l'organisation du sous-système consonantique*; en effet si l'on met en rapport cette «absence de **p**» en tant que corrélat potentiel de /**b**/ avec les caractéristiques combinatoires connues de la langue et l'inventaire du paradigme des consonnes possibles en coda où, à part /**b**/, ne sont possibles en songhay que des sonantes, alors on remarque que /**b**/ fonctionne comme les sonantes {**m, w, r, l, y, n**} et non pas comme une occlusive bruyante corrélative d'un phonème sourd plus ou moins défectif. Ce fonctionnement est corroboré en songhay par de nombreuses variations intra et interdialectales entre {**m, w, b**} et il est probablement commun à l'ensemble des langues retenues. *A priori* donc, il y a ici deux phénomènes aréaux conjoints: l'utilisation d'une forme phonétique particulière en tant que trait expressif et une caractérisation structurale des sous-systèmes phonologiques.

L'absence d'opposition s ~ z en songhay occidental. Alors que le statut de /**p**/ et sa fonctionnalisation expressive est généralisé — au moins! — à l'ensemble de l'aire songhay-mandé, tous les dialectes songhay connaissent l'opposition entre /s/ et /z/, à l'exception du songhay occidental qui s'aligne sur la typologie de nombreuses langues mandé nord (soninké, bambara, dyula, soso, malinké, maninka, mandinka, bobo, ...) — certaines situées au contact direct du songhay ou dans un espace contigu mais d'autres géographiquement plus éloignées.

En se plaçant du côté songhay, la comparaison interne des dialectes permet d'établir qu'en songhay occidental /z/ s'est confondu avec /j/ qui, lui-même, est le résultat de la phonologisation d'une variante palatalisée de /g/; de ce point de vue ce système est unique dans la langue. Par ailleurs, la confusion généralisée entre les sons [z] et [j] qui affecte le dialecte occidental ne semble pas répondre à une nécessité interne et n'entre pas dans les schémas courants de l'évolution phonétique. En effet, on penserait à une palatalisation mais l'étude détaillée des contextes conduit à rejeter cette hypothèse: le phénomène n'est lié ni à la présence d'un trait vocalique [+ antérieur], ni à celle d'un trait [+haut], ni au contact d'une semi-voyelle /y/. Aucun contexte palatalisant ne peut être retenu comme facteur susceptible de déclencher le changement. De plus la confusion n'est pas symétrique car la consonne fricative sourde /s/, corrélative de /z/, ne se confond pas avec l'occlusive palatalisée /c/ corrélative de /j/; quant au phonème /ʃ/, peu fréquent, il n'est jamais confondu avec cette occlusive palatalisée et ne possède pas non plus de correspondant sonore /ʒ/.

Ce que nous observons n'est donc pas seulement une généralisation de «façons de dire» et, conséquemment, une simplification, mais une déphonologisation entraînant de véritables confusions lexicales: on confondra en songhay occidental les lexèmes **ji** «*huile*» (*gi) et **ji** «*nager*» (*zi), le tout impliquant une re-caractérisation par rapport à la sonorité de la série des consonnes fricatives de la langue.

En conséquence puisque aucune explication structurale n'est disponible pour expliquer cette évolution, c'est probablement dans son contact avec les populations parlant des langues du mandé nord que le songhay occidental a dû acquérir ce caractère bien répandu dans la zone. On trouvera là un de ces faits de diffusion localisée bien connus, parallèle à celui qui *a priori* aurait permis en dendi le passage des consonnes labiovélarisées {**kw, gw, ŋw**}, aux consonnes labiovélaires {**kp, gb, ŋm**} répandues dans la zone kwa. Finalement, il s'agirait d'un phénomène limité, peut-être même récent, qu'une comparaison intradialectale permet d'établir. Il serait, en tout état de cause, postérieur a l'installation de cette variété comme *lingua franca* dans l'espace occidental et transsaharien.

De tels faits permettent de tracer des frontières aréales qui pour certaines d'entre-elles introduisent des discontinuités dans l'espace linguistique et rendent probablement compte d'autres discontinuités dans les fonctionnalités sociolinguistiques attribuées aux langues ou dialectes considérés. On est donc conduit à supposer une *stratification* de l'aire qui traduit des situations différentes dans leur durée, dans leur nature, susceptibles dans certains cas d'être placées les unes par rapport aux autres dans une chronologie relative, même s'il n'est pas toujours possible d'aller beaucoup plus loin dans le constat et l'élaboration d'hypothèses. Plusieurs schémas semblent possibles pour rendre compte de cette stratification mais ils impliquent tous le contact, le plurilinguisme, le pluridialectalisme et, à un moment donné, une/des étape(s) de convergence des langues suffisamment importante(s) pour avoir imposé l'homogénéité typologique constatée aujourd'hui; laquelle aurait ensuite été brisée, conduisant à des restructurations comme peut le donner à penser le détail des états de langues et des évolutions attestés. Restructurations éventuellement suivies à leur tour de nouvelles étapes de convergences croisant les précédentes; ce qui, comme j'essaierai de le montrer plus en détail à propos des «infractions» à l'ordre {S Aux O V}, peut contribuer à «brouiller les cartes».

Affinités morphologiques et syntaxiques

Au niveau morphologique et syntaxique on peut mettre en évidence beaucoup d'autres affinités aréales qui vont de la formation des mots à la constitution des énoncés complexes. Les quelques isomorphismes que je vais présenter maintenant sont partagés par la plupart des langues mandé et on peut établir qu'ils le sont par tous les dialectes songhay ou, plus précisément, que dans les dialectes songhay qui excluent certains d'entre eux (tels le songhay occidental et septentrional) on peut établir que cette exclusion est le résultat d'évolutions ultérieures. La présentation qui va suivre n'a qu'une valeur de «pointage» mais c'est déjà suffisant pour montrer l'importance des affinités entre les deux groupes de langues. Remarquons encore, afin de limiter les risques de «surinterprétation», que beaucoup parmi les schèmes partagés sont largement répandus ailleurs dans l'espace occidental et souvent au-delà; certains renvoient à des schèmes cognitifs si communs qu'ils ne sont pas en eux-mêmes très significatifs, *sauf* par le fait qu'ils s'insèrent dans un ensemble complexe de rapports multiples qui, *lui*, finit par signifier.

Formation des mots: dérivation et composition. (Tableau 1) Globalement, les procédés de dérivation sont comparables dans les deux groupes de langues qui connaissent également une composition très productive organisée selon les mêmes schémas formels; le procédé de réduplication est aussi très productif.

Les modalités de la grammaticalisation à partir du lexique. (Tableau 2) En mandé comme en songhay, les morphèmes relateurs de circonstant sont suffixés au lexème et pour certains d'entre eux, sont également dérivés à partir de formes lexicales en usage dans la langue, phénomène qui dépasse largement le cadre des langues du contact. Un travail plus élaboré sur ces apparents transferts conceptuels allant au-delà du simple inventaire, par le détail de ce qu'il ferait apparaître, permettrait sans doute de rendre compte de ce qui relève de faits de diffusion, de simples cooccurrences de hasard ou encore d'autres possibilités explicatives, universelles ou locales. On remarquera toutefois que si structuralement l'organisation est identique ce n'est bien évidemment pas pour autant, qu'il y a un isomorphisme complet au niveau des usages et des nuances sémantiques dirigeant les combinaisons acceptables.

Détermination des substantifs. (Tableau 3) Les différents procédés de la détermination des substantifs sont souvent parallèles et il en va de même de l'organisation des syntagmes de détermination avec les deux ordres inversés: {Complétant + Complété}, {Qualifié + Qualifiant}.

Enoncé prédicatif. (Tableau 4) Les formes de l'énoncé prédicatif «classique» {S Aux O V Cpl}[2] présentent d'évidentes affinités, il y a aussi des affinités sur de nombreux points du système TMA et la conjugaison négative mais cela demanderait une étude approfondie qui n'a pas été faite. Il est toutefois possible de montrer avec quelques exemples la nature des isomorphismes.

Parallélismes dans l'organisation sémantique et la structuration sémiotique

Sur le plan sémantique et bien que je n'aie pas développé la recherche il semble que l'on puisse (re)trouver une certaine cohérence qui se traduit le plus souvent par un parallélisme de découpage conceptuel comme tendrait à le montrer de très nombreuses homologies dans le processus de création lexicale par composition et l'organisation de certains champs sémantiques. Cependant, sous réserve d'une étude plus approfondie, ces affinités dans le découpage et la catégorisation sémantique semblent le plus souvent être partagées par tout l'espace occidental et donc, ne pas caractériser uniquement le rapport songhay-mandé. Cela donne à penser qu'on a affaire à une aire culturelle beaucoup plus étendue et que cette donnée culturelle est pertinente dans la dynamique manifestée. Enfin on doit aussi s'attendre à ce qu'une étude sur l'organisation discursive et pragmatique des énoncés et des discours présente d'autres isomorphismes remarquables ayant, eux aussi, à la fois une signification culturelle et linguistique.

A un autre niveau de saisie que je qualifierai de 'sémiotique', je mentionnerai aussi l'existence de probables *matrices morphosémantiques* ou *formes génériques* susceptibles de servir d'attracteurs, quel que soit le statut qu'il convient de leur reconnaître. Ainsi, par exemple, le linguiste reconnaît — ou croit reconnaître — en songhay les formes **GR** et **GL** subsumées par la notion de «*courbure*» ou de «*rotondité*»; et cela, à partir du constat d'une ressemblance jugée «significative» entre des séries d'unités lexicales indépendantes, «apparemment» liées entre elles par cette ressemblance phonétique et sémantique: une «matrice notionnelle potentielle» est alors «construite» sur cette base lexicale, reconnue à un niveau encore mal défini

2. Cf. Toutefois l'ordre {S Aux O V} prédominant en songhay est soumis a restrictions pour quelques verbes et admet une certaine liberté dans quelques constructions. Cette question n'a pas encore été étudiée de façon satisfaisante.

dont il convient de se demander quel est son type de «réalité»; en effet, il s'agit de ne pas se tromper sur ce que l'on veut mettre en évidence car l'établissement de telles formes n'a rien à voir avec la mise en relation de lexèmes dont on prouve par des moyens relevant de l'approche philologique qu'il s'agit de transformations issues d'une forme unique. Ce qui est éventuellement reconnu, ce n'est pas une relation matériellement «prouvable» entre différentes unités de la langue mais l'existence d'une représentation spécifique et construite à partir de quelques traits phonétiques et sémantiques communs, (arbitrairement?) sélectionnés dans un ensemble de lexèmes, présentés comme pertinents et catégoriellement assignés à cette représentation.

5. Stratifications

L'exemple de la structure SOV / SVO

Nous venons d'explorer quelques aspects d'une aire de convergence dont les limites sont floues mais qui traduit quelque chose de l'histoire régionale au plan linguistique comme sur d'autres car ce type de phénomène ne saurait se manifester hors d'un contexte d'échange et de contacts poursuivis dans la durée; ce qui n'exclut pas que plusieurs dynamiques indépendantes les unes des autres y participent comme l'étude du domaine phonético-phonologique a permis de le suggérer. Mais la stratification des dynamiques dépasse largement ce dernier domaine et touche aussi aux structures syntaxiques; ainsi l'on peut se demander pourquoi, alors qu'on a pu constater que le songhay occidental était plus particulièrement marqué par le contact avec le mandé (cf. l'évolution spécifique de /z/), *a contrario*, c'était justement lui — avec le songhay septentrional — qui montrait, par le passage de l'ordre {S Aux O V} à l'ordre {S Aux V O}, une évolution *«inattendue»* qui l'«*éloignait*» de l'isomorphisme par ailleurs constaté avec les langues mandé? Ce phénomène n'est en rien trivial car, comme je l'ai déjà mentionné, il ne s'explique pas par le contact: aucune des langues du contact (touareg, arabe, peul, etc.) ne connaît cette structure {S Aux V O}[3] en tant que forme canonique.

Gensler lors d'un récent Symposium[4], a aussi abordé cette question. Partant *a priori* des hypothèses que j'ai avancées quant à l'origine «créole» du songhay, son argumentation, construite en trois temps, était la suivante:

1) Si l'on retient que l'ordre {S Aux O V} caractéristique des langues mandé et de beaucoup d'autres langues Niger-Congo est «marqué»[5] en

---

3. C'est à Z. Frajzyngier que je dois de m'avoir fait remarquer l'intérêt et la non-trivialité de cette évolution!

4. *Areal Typology of West African Languages Symposium*, Leipzig, 2000.

5. C'est-à-dire «empiriquement rare dans le monde», selon l'acception de Gensler. Notons toutefois que l'ordre SOV est peut-être globalement limité aux langues Niger-Congo en Afrique, mais n'est toutefois pas si rare dans le reste du monde.

général, est-il raisonnable qu'un créole puisse prendre les traits marqués de la syntaxe de ses voisins? Cette position se fonde bien évidemment sur l'hypothèse d'une constitution du songhay en tant que «langue créole» élaborée selon des modalités qui auraient privilégié une simplification préalable très importante des structures linguistiques, et Gensler conçoit que dans un tel cas, le schéma «marqué» {S Aux O V} soit n'aurait pas pu exister, soit n'aurait pas pu résister à cette «épreuve créole». Conséquemment son existence actuelle ne pourrait guère s'expliquer que par un tardif développement post-créole.

2) Par contre, si l'on l'admet la présence originelle de ce schéma en songhay, force reste de constater qu'en songhay occidental c'est l'ordre {S Aux V O} qui existe et, si l'on accepte les hypothèses que j'avais postulées à l'époque dans lesquelles je supposais que les groupes dialectaux qui ont été les plus exposés aux influences extérieures sont ceux qui ont du manifester la plus grande réduction (opposant ainsi le songhay oriental plus conservateur au songhay occidental et septentrional), ce serait alors par l'effet d'une certaine «réduction» que ces variétés auraient perdu la construction «marquée» {S Aux O V} au profit de la construction «non-marquée» {S Aux V O}. Ce qui, cette fois, est en accord avec ce que l'on attend *a priori* de l'évolution d'un trait «marqué» dans une situation de ce genre.

3) Mais, si cette hypothèse est retenue, alors Gensler y voit une sorte de contradiction quand il constate que dans le même temps j'ai suggéré que le songhay occidental *est justement le groupe qui a été le plus marqué par le contact avec le mandé* (influence bozo et soninké). Ce qui lui semble poser problème.

Je reconnais là un apparent paradoxe tout à fait intéressant et un bon exemple d'une logique explicative qui conduit à oblitérer la dynamique stratificationnelle de la constitution de la langue dans sa profondeur historique tout autant que dans son épaisseur anthropologique. Or, c'est justement le travail sur cette dynamique stratificationnelle qui, permet d'expliquer la nature et le détail de l'évolution linguistique constatée. Ainsi, si nous retenons l'hypothèse que l'aire de convergence est, dans l'état actuel des connaissances, l'état le plus ancien auquel nous puissions accéder, il nous faut bien admettre une certaine chronologie relative des évolutions pour rendre cohérent l'ensemble, et dans ce cas le passage du songhay occidental et septentrional à l'ordre {S Aux V O} est bien une évolution postérieure au développement de cet isomorphisme comme c'est indiqué au point 2) précédent.

Quant au rapprochement vers le mandé que signale la confusion phonologique **z/j**, laquelle participe aux considérations mentionnées au point 3), il ne serait en aucun cas contemporain du précédent: il s'agit d'une évolution très postérieure limitée au seul songhay occidental et peut-être même très récente. En conclusion, l'étude détaillée de l'extension des phénomènes (trois espaces indépendants de diffusion aréale), une distinction dans leur nature (domaine phonologique *vs* morphosyntaxique *vs* lexical) et quelques indices dialectologiques ou historiques (spécificité du songhay d'Araouane, par exemple, et étude des documents du 19ème siècle) évitent de construire un problème et illustrent l'intérêt qu'il y a à ne pas oblitérer la stratification et la hiérarchie des phénomènes.

Les pièces du «puzzle»

Si l'on souhaite maintenant synthétiser le tout, on peut décliner les quatre étapes suivantes:

a) Tout d'abord, un état préalable non encore très bien défini: c'est celui qui est concerné par les hypothèses sur «l'appartenance» du songhay. On se situe là au niveau d'une «archéologie linguistique» avec tout son intérêt et toutes ses limites; en deçà pour l'instant de toute hypothèse linguistiquement vérifiable. De ce point de vue il n'y a pas de corrélation directe entre la question des appartenances (même si la réponse passe par l'acceptation de l'hypothèse d'une origine créole de la langue) et celle concernant les convergences dans l'aire mandé-songhay.

b) Constitution de l'aire de convergence mandé-songhay; sa trace en est le *Sprachbund* actuel. Le caractère simple des structures développées dans cette aire de convergence est évident. Il n'y a toutefois aucune raison de lier cette simplicité et la réalisation de l'isomorphisme. L'isomorphisme suggère l'existence sur le très long terme de contacts culturels et linguistiques et l'on a pu remarquer qu'ils portent sur des plans aussi fondamentaux que la structuration morphosyntaxique et l'organisation sémantique. Par ailleurs, on peut, bien évidemment, penser que des mouvements successifs de pidginisation, de véhicularisation (en rapport éventuel avec les hypothèses d'appartenance et/ou en rapport certain avec la simplicité constatée des structures), mais aussi de vernacularisation (ne serait-ce qu'en raison de l'existence même des formes stables de la langue) ont du affecter cette zone pour conduire au résultat actuel. Dans un tel contexte, parler de créole ou de pidgin est à la fois utile et trompeur: utile parce que les processus mis en œuvre dans la formation de semblables idiomes ont certainement été actifs, trompeur parce que les connotations liées à ces termes prédéterminent leur acception, quel que soit finalement l'effort de rigueur que l'on souhaite mettre à les «définir».

En l'occurrence, il semble n'y avoir aucune contradiction, dans un espace culturellement partagé avec le monde mandé, à ce que les formes «marquées» des codes mais morphologiquement simples cependant, aient pu se conserver à travers un usage simplifié de la langue, et le cas échéant s'étendre. Disons même que, de ce point de vue, la conservation de ces structures est susceptible de traduire un effet de sémantaxe au sens de Manessy.

c) Au moins dès l'étape précédente, si ce n'est depuis le tout début, la fonctionnalité véhiculaire des codes dans l'espace considéré est présupposée: le développement du songhay comme *lingua franca* et la fonctionnalisation de la distinction *endocentré / exocentré* va donc de soi. Par ailleurs, l'approche anthropologique des espaces songhayphones montre que sa fonction de communication étendue concerne aussi bien ses formes endo-centrées que ses formes exocentrées. Ainsi indépendamment des «simplifi-cations / réductions» linguistiques portant sur la détermination des substan-tifs et qui concernent toutes les variétés exocentrées, la réduction propre au songhay occidental et septentrional du schéma «marqué» {S Aux O V} au schéma «non-marqué» {S Aux V O} est à aussi à rapporter à cette même fonctionnalisation. En effet, cette élaboration dans les dialectes supposés les plus véhicularisés peut certainement s'expliquer par la nécessité d'un *alignement* dans un contexte où les cadres culturels communs devaient avoir été particulièrement réduits, au point de faire (peut-être) réapparaître certains schémas syntaxiques plus élémentaires dont je me contente ici de suggérer, tout au plus, l'émergence possible. Mais dans le même temps on conçoit que la non-homogénéité de ces mouvements de simplification se manifeste comme le stigmate d'une réelle stratification de l'espace anthro-pologique songhay.

d) L'étape précédente, avec la stratification qu'elle illustre, était proba-blement le début de la constitution différenciée des quatre principaux groupes dialectaux actuels. A partir de là on est renvoyé à des époques quasi historiques pour lesquelles on possède des traces linguistiques: des processus d'évolution se manifestent dans chacun des groupes linguistiques à travers des effets de contact et diverses (re)vernacularisations que la com-paraison interdialectale a pu mettre en évidence. On constate que pour la plupart sinon tous, ces phénomènes se marquent tout d'abord dans les ordres phonétique, phonologique et lexical. Le rapprochement plusieurs fois mentionné entre le songhay occidental et le mandé nord trouve sa place ici, au même titre que les traces de «contamination» par lesquelles j'ai caractérisé la revernacularisation du songhay septentrional ou du dendi, pour ne retenir que les plus connus.

En conclusion, si l'on suit ce schéma, il apparaît que rien de contradic-toire ne se manifeste à propos de la présence de l'ordre {S Aux V O} en songhay occidental. Par contre cet exemple permet de prendre la mesure de l'importance des stratifications conduisant aux états de langues actuels. Et l'on apprécie l'erreur de perspective que l'on fait *lorsque l'on ne cherche pas à prendre en compte l'ensemble de la stratification qui permet de donner un sens aux faits, et qu'on ne la situe pas dans l'ensemble de son contexte anthropologique*. Il va de soi que c'est encore un élément de réponse aux questions qui sont aujourd'hui posées.

Robert NICOLAÏ
Université de Nice

Abstract

In comparison to other languages in the Sahel-Sahara are, Songhay is a rather simple language from the typological and morphological point of view. It is a lingua franca for the Niger area. I have presented:

(a) General considerations concerning the dynamics of evolution for coding means and the notion of repertories;

(b) Internal diversification within Songhay through the examination of its functions and the effect these functions have on the code;

(c) Examination of external contacts with Mande and the phonetic, phonological, morphological and syntactic commonalities between the two groups;

(d) I have examined the S+aux+V+O of the Western Songhay and the importance of examining the stratification of the relevant phenomena.

ANNEXES

Routes commerciales «historiques» de l'Afrique occidentale:

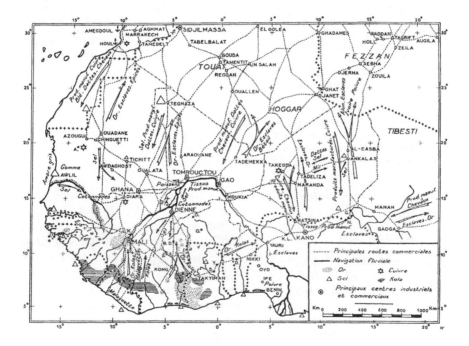

Carte économique du Soudan Occidental au Moyen Age, in: R. Mauny, Tableau géographique de l'Ouest africain au Moyen Age, 1961, p. 226.
Cette carte montre le réseau économique entre le Soudan et le monde saharien et au-delà de la Méditerranée. Taoudeni, non mentionné, se trouve à quelque 150 km à l'Est de Teghazza qu'elle remplaça à partir de 1505. Notons que les relations commerciales avec le Maroc étaient prédominantes au XVIᵉ siècle.

Tableau extrait de Siegel (1985: Koines and Koineization, Language and Society, 14, pp. 357-378).

TABLE 1. *Comparison of features of original koine and other "koines"*

	1[a]	2	3	4	5	6
Original koine	+[b]	+	+	+	+	+
Blanc (1968)	–	+			+	+
Burchfield (1976)				+		
Dillard (1972)		+		±	±	
Ferguson (1959)	–	+		+	–	
Gambhir (1981)		+	+		±	±
Graff (1932)		+		+		
Haller (1981)		+				
Hartmann & Stork (1973)	+			+	+	
Hill (1958)				+	±	
Hymes (1971)		+	+		+	+
Mohan (1976)		+	+			
Nida & Fehderau (1970)	+		+	+	±	
Pei (1966)		+		+	+	
Samarin (1971)	+	+	+	±		

Features of the original koine:
1. based primarily one one dialect
2. has features of several dialects
3. reduced and simplified
4. used as a regional lingua franca
5. is a standard
6. is nativized to some extent
[b]+ = feature is described as being present
– = feature is described as being absent
± = feature can be either present or absent
blank = feature is not mentioned

Comparaisons mandé-songhay.
Tableau 1.

malinké de Kita	Dérivation.	zarma
diminutifs: **-ndo / -no / -ndin**	**-iyaw**	
kòno >> kònondó «*petit oiseau*»	cúráyzè >> cúráyzíyáw	
qualité abstraite: **-ya**	**-tàráy**	
mòko >> mòkoyá «*humanisme*»	bòró >> bòrtàráy	
origine: **-nga**	**-(n)cé**	
kìta >> kìtangá «*habitant de Kita*»	gurma >> gùrmàncé «*gurmantché*»	
marque des ordinaux: **-nan**	**-ànté**	
wóro >> wóronan «*sixième*»	íddù >> ìddànté	
Composition		
jòli «*sang*», síla «*chemin*»	kúrí «*sang*», fõndò «*chemin*»	
jòlisíla «*veine*»	kúrífóndò «*veine*»	
Réduplication		
hùlá «*deux*», sìdi «*attacher*»	ìhínká «*deux*», háw «*attacher*»	
hùlahulasídi «*attacher deux par deux*»	háw ìhínkahínká	

Tableau 2

malinké de Kita	zarma
kóno *«ventre»* >>> *«dans»*	**kúná** *«sexe féminin»* >>> *«à l'intérieur de»*
bàa(ba) wádá wúlà **kònò** *«papa est parti au champ»*	à gó háró **kúná** *«il est dans l'eau»*
kùn *«tête»* >>> *«sur»*	**bòŋ** *«tête»* >>> *«sur, dessus, sommet»*
mùn yé mùsú **kùn**? *«qu'est-ce que la femme transporte?»*	à gó tìtăa **bòŋ** *«il est sur l'escabeau»*
kó *«dos»* >>> *«derrière»*	**bándá** *« dos»* >>> *«derrière, à l'arrière»*
wùlu ye n **kò** *«le chien me poursuit»*	à gó fúw'ó **bándá** *«il est derrière la case »*
nyá *«face»* >>> *«devant»*	**jínè** *«premier»* >>> *«devant, avant»*
káná í bìlá mòkó lù **nyà** *«ne te mets pas devant les gens»*	à gó fûwó **jínè** *«il est devant la case»*
kódo *«dessous, signification»* >>> *«sous»*	**kwáará** *«village»* >>> **kwàarà** *«chez»*
wùlû lánín yírì **kòdò** *«le chien est étendu sous l'arbre»*	kóy ní **kwáaràa** *«va chez toi!»*
báda *«demeure»* >>> *«chez»*	**járè** *«partie»* >>> **jár(e)gà** *«à côté de»*
tágá í **bádá** *«va chez toi»*	à gó ày **jár(e)gà** *«il est près de moi»*
yé *«au bénéfice de»*	**sê** *«pour, à cause de»*
a ké ń **yé** *«fais-le pour moi»*	à té ày **sê** *« fais le pour moi»*
lá *«valeur instrumentale finale »*	**rà** *«dans, dedans, en»*
sékù nàdá négésú là *«Séku est venu à vélo»*	àlí kàa mŏotò **rà** *«Ali est venu à moto»*

Tableau 3

malinké de Kita	Syntagme numéral	zarma
mùsú hùlâ tágádá bì *«les deux femmes sont parties aujourd'hui»*	wàybòrò hínkáa kóy húnkúná	
	wàybòrò hínká kóy húnkúná	
mùsú hùlà tágádá bì *«deux femmes sont ...»*	màntí wàybòrăa nò	
mùsú té *«ce n'est pas la femme»*	màntí wàybòrò nò	
mùsù té *«ce n'est pas une femme»*		
Syntagme qualificatif		
móngón kérɛn nù *«les/des mangues vertes»*	mángû bóogóo *«la mangue verte»*; mángu bóogú *«une mangue verte»*	
mùsú *«femme»*, sìnján *«longue jambe»* mùsú sìnjân *«une femme aux longues jambes»*	wàybòrò cè kúukúkôy *«une femme aux longues jambes»*	
Syntagme génitif[6]		
(mdk) dèndikoo jifoo *«la poche du vêtement»*	bànkàarăa zíibàa *«la poche du vêtement»*	
(mdk) màanoo daa *«le prix du riz»*	mòwá háyó *«le prix du riz»*	
(mdk) nìnsoo sùboo *«la viande de la vache»*	háwó hámó *«la viande de vache»*	
(mdk) mìsî nónò *«le lait de la vache»*	háwó wăa *«le lait de vache»*	

6. C'est la juxtaposition simple, qui traduit en mandingue la «possession inaliénable» qui est choisie ici et correspond exactement à la structure songhay; toutefois la présence du connectif dans la «possession aliénable» ne modifie pas le parallélisme dans l'ordre des constituants. Les quatre exemples mentionnés (mdk) sont mandinka, cf. Creissels 2001.

Tableau 4

malinké de Kita	Enoncé d'identité	zarma
sékù té nùmù jé *«Daudu n'est pas forgeron»*	dáwdà màntí zăm nò *«Dauda n'est pas forgeron»*	
Enoncé nominal		
sékú lè *«c'est Séku»* sékú **ntè** *«ce n'est pas Séku»*	dáwdà nò *«c'est Dauda»* màntí dáwdà nò *«ce n'est pas Dauda»*	
Enoncé intransitif		
mùsú bòyìdà *«la femme est tombée»* mùsû mán bòyì *«la femme n'est pas tombée»*	wàybòrăa kâŋ wàybòrăa màn kâŋ	
Enoncé transitif		
sékù dí mìsí sàn *«Séku a acheté la vache»* séku mán mìsí sàn *«Séku n'a pas acheté la vache»*	dáwdà nà háwó dáy *«Dawda a acheté la vache»* dáwdà màn háwó dáy *«Dawda n'a pas acheté la vache»*	
Enoncé localisateur		
sékù jé búŋ kònò *«Séku est dans la pièce»* sékù té bóŋ kɔ́nɔ́ *«Séku n'est pas dans la pièce»*	dáwdà gó fúwó rà *«Dawda est dans la maison»* dáwdà **sí** fúwó ra *«Dawda n'est pas dans la maison»*	
Enoncé d'existence		
nénè **yé** kìtà *«il fait froid à Kita»* hùntènì **tè** *«il ne fait pas chaud»*	hàrgù **gó** ɲámáy *«il fait froid à Niamey»* hàrgù **sí** nò *«il ne fait pas froid»*	

Références bibliographiques

Amselle, J.-L., 1990, *Logiques métisses*, Paris.
Barral, 1977, *Les populations nomades de l'Oudalan et leur espace pastoral*, Travaux et documents ORSTOM, N° 77, Paris.
Barry, Abdoulaye, 1990, Etude du plurilinguisme au Mali: le cas de Djénné, in: *Boucle du Niger, approches multidisciplinaires*, (sous la direction de Kawada Junzo),. II, Tokyo.
Bearth, Th., 1995, Nominal periphrasis and the origin of the predicative marker in Mande languages — an alternative view, *AAP* 41, pp. 89-117.
Bernard, Y. & White-Kaba, M, 1994, *Dictionnaire zarma-français (République du Niger)*.
Bernus, S. & Gouletquer, 1977. Azelik et l'Empire Songhay, *3ème Colloque International de Niamey*, Fondation SCOA pour la recherche en Afrique Noire (Projet Boucle du Niger), 10 p.
Bickerton, D., 1981, *Roots of Language*, Ann Arbor.
Braconnier, C., 1991, Eléments de syntaxe du verbe en dioula d'Odienne,, *Mandenkan*, Bulletin semestriel d'études linguistiques mandé, 21.
Calvet, L.-J., 1994, *Les voix de la ville: introduction à la sociolinguistique urbaine*, Paris.
Cancel, Lt., 1908, Etude sur le dialecte de Tabelbala, pp. 302-347.
Canut, C., 1996a, *Dynamiques linguistiques au Mali*, Paris.

—, 1996b, Instabilité des usages et non fermeté du système manding au Mali, *Mandenkan*, Bulletin semestriel d'études linguistiques mandé, 31, pp. 77-91.

Champault, D., 1969, *Une oasis du Sahara nord-occidental*, Tabelbala, Paris, Ed. du CNRS.

Cissoko, S. Mody, 1975, *Tombouctou et l'Empire songhay*, Dakar.

Claudi, U., 1994, Word order change as category change: the Mande case, in: *Perspectives on Grammaticalization* (Wm. Pagliuca & G. Davis, Eds.), Amsterdam, pp. 201-241.

Corré, Alan D. 1992, Lecture on Lingua Franca, in A. Harrak, *Contacts between Cultures: West Asia and North Africa. Volume 1*, New York, pp. 140-145.

Creissels, D. "Variations dialectales dans les systèmes de marques prédicatives des parlers manding", in: *Dialectologie et comparatisme en Afrique Noire: Actes des journées d'études tenues au Centre de Recherche Pluridisciplinaire du CNRS*, 2-5 Juin 1980. Paris.

—, 1985, Les verbes statifs dans les parlers mandingues, *Mandenkan*, Bulletin semestriel d'études linguistiques mandé, pp. 1-32.

—, 1997, Une tentative d'explication de particularités typologiques de la négation en mandingue, *Mandenkan*, Bulletin semestriel d'études linguistiques mandé, 32, pp. 3-21.

—, 2001, Catégorisation et grammaticalisation: la relation génitivale en mandingue, in: *Leçons d'Afrique*: *Filiations, ruptures et reconstitutions des langues* (R. Nicolaï, Ed.): 433-454, Paris.

Dobronravin, N. 2000, Hausa, Songhay and Mande Languages in Nigeria: Multilingualism in Kebbi and Sokoto, in: Wolff & Gensler, Eds, *Proceedings of the 2nd World Congress of African linguistics, Leipzig, 1997*, Köln, pp. 91-101.

Fédry, J., 1976, L'expérience du corps comme structure du langage, Essai sur la langue sar (Tchad), *L'Homme*, XVI (1).

Gado, B., 1980, *Le Zarmatarey, contribution à l'histoire des populations d'entre Niger et Dallol Mawri*, Niamey.

Gallais, J., 1975, *Pasteurs et paysans du Gourma, la condition sahélienne*, Paris.

Gensler, O, Two «marked» areal features in Songhay syntax:Implication for prehistory. *Areal Typology of West African Languages Symposium*, Leipzig, 2000.

Hacquard, A. & Dupuis-Yakouba, A., 1897, *Manuel de la langue Songay parlée de Tombouctou à Say dans la boucle du Niger*, Paris.

Hall, Jr. R. A., 1966, *Pidgin and Creole Languages*, Ithaca and London.

Harris, P.G. 1942. The Kebbi Fishermen of Argungu. *Journal of the Royal Anthropological Institute*, Vol. 72: 23-31.

Heath, J., 1999a. *A grammar of Koyra Chiini*, Berlin.

—, 1999b. *A grammar of Koyraboro (Koroboro) Senni*, Köln.

Heine, B., 1997, *Cognitive Foundations of Grammar*, Oxford.

Junkovic, Z, 1988-89, Une langue, deux standards. L'exemple du serbo-croate, in: *TCLN* 10-11, pp. 123-133.

Junkovic, Z & Nicolaï, R., 1988-89, Changement linguistique et interaction, in: *TCLN* 10-11, pp. 13-19.

Keita, B., Le malinké de Kita (parler de Bindougouba), *Mandenkan* 8, 1984.

Labatut, R., 1982. La situation du peul au Nord-Cameroun, *LACITO-Documents*, 8, pp. 15-27.

Lacroix, P.-F., 1959. Observations sur la «koinè» peule de Ngaoundéré, *Travaux de l'Institut de Linguistique*, IV, pp. 57-71.

—, 1962. Distribution géographique des parlers peul du Nord-Cameroun, *L'Homme*, pp. 75-101.

—, 1967. Quelques aspects de la désintégration d'un système classificatoire (peul du sud de l'Adamawa), In: La classification nominale dans les langues négro-africaines, Eds du CNRS.

Madina Ly Tall, 1977, *L'Empire du Mali*, Dakar.

Marie, E. 1914, *Vocabulaire français-djerma et djerma-français*, Paris.

Mauny, R. 1961. *Tableau géographique de l'Ouest Africain au Moyen-Age, d'après les sources écrites, la tradition et l'archéologie*, Thèse d'Etat, Dakar.

Nicolaï, R., 1978, Sur le songhay oriental, *Annales de l'Université de Niamey*, 2, pp. 207-55.

—, 1978, Les parlers songhay occidentaux (Tombouctou — Jenne — Ngorku), *Studies in African Linguistics*, 9-1.

—, 1979, Le songhay central, *Etudes linguistiques*, I.2, pp. 33-69.

—, 1980, Notes sur les lexiques songhay du 19e siècle et sur les attestations des Tarikh, *Afrika und Übersee*, 63-2.

—, 1981, *Les dialectes du songhay (contribution à l'étude des changements linguistiques)*, Paris

—, 1982, Position, Structure and Classification of Songay, In: *Nilo-Saharan Language Studies* (ed. L. Bender), pp. 11-41, Michigan.

—, 1983, Véhicularisation, vernacularisation et situations créoles en Afrique (le cas du songhay). *Langage et Société*, n°32, 1985, pp. 41-58, Paris.

—, 1986, Types d'emprunts, normes et fonctions de langue. Etude de cas: le songhay véhiculaire *Afrikanistische Arbeitspapiere*, n° 5, pp. 145-155, Köln.

—, 1987, Is Songay a Creole Language? In, *Pidgin and Creole Languages: Essays in Memory of John Reinecke* (ed. Gl. Gilbert), University of Hawaii Press, pp. 469-484, Hawaii. [version anglaise de R.N.:1983].

—, 1990, *Parentés linguistiques (à propos du songhay)*, Paris.

—, 2000, *La traversée de l'empirique*, Paris.

—, sous presse, Typologie des langues et questions de Sprachbünde: réflexions sur les effets linguistiques du contact et des fonctionnalités sociolinguistiques dans léspace sahelo-saharien, *Areal Typology of West African Languages Symposium*, Leipzig, sous presse.

Olivier de Sardan, J.-P., 1969, *Système des relations économiques et sociales chez les Wogo du Niger*, Paris.

—, 1969, *Les voleurs d'hommes (notes sur l'histoire des Kurtey)*, Niamey.

—, 1976, *Quand nos pères étaient captifs (récits paysans du Niger)*, Paris.

—, 1982, *Concepts et conceptions songhay-zarma*, Paris.

Oumarou, A. I., (s.d.) [1992?] *Zarma ciine kaamus kayna*, Niamey.

Prost, A., 1956, *La langue sonay et ses dialectes*, Dakar.

Reinecke, J.E., 1969, *Language an dialect in Hawaii: A sociolinguistic history to 1935*, Honolulu: University of Hawaii Press.

Rouch., J., 1950. Les Sorkawa pêcheurs itinérants du Moyen Niger. *Africa*, vol. XX, N°1, 5-25.

Schuchardt, Hugo, 1980 [1909], *Pidgin and Creole Languages*, edited and translated by G.G. Gilbert, London. [l'article original 'Die Lingua Franca' est publié in: *Zeitschrift für Romanische Philologie*, vol. 33, pp. 441-461].

Siegel, J., 1975, Fiji Hindustani, *University of Hawaii Working Papers in Linguistics*, 7(3), pp. 127-144.

—, 1985. Koines and koineization, *Language and Society*, 14, pp. 357-378.

—, 1983, *Koineization and the development of Fiji Hindustani*, Ms. Research School of Pacific Studies, Australian National University.

Tilmatine, M., 1991, Belbala: Eine Songhaysprachinsel in der Algerschen Sahara, *Afrikanistische Arbeitspapiere Sondernummer,* pp. 377-397.

Whinnom, Keith, 1977, The context and origins of Lingua Franca, in J.M. Meisel, *Langues en contacts — Pidgins — Créoles — Languages in Contact.*

Zima, P., 1998, Stabilizers expressing existence, identification and localization in african languages and their rôles in the dynamics of their systems, in: *Language and Location in Space and Time*, P. Zima & Vl. Tax, eds., pp. 131-149.

LE CHINOIS MANDARIN ENTRE VÉHICULARISATION ET VERNACULARISATION

Résumé

Dans cet article, on examine les propriétés linguistiques du chinois moderne standard (ou «chinois mandarin»), en tenant compte de son rôle sociolinguistique de langue véhiculaire pour la nation chinoise. Après un rappel des circonstances historiques qui ont donné naissance à une telle langue, on aborde la question de sa diffusion auprès des locuteurs natifs d'autres langues chinoises. Les difficultés rencontrées lors de cette diffusion sont expliquées en termes de conception de la langue et de sa structure, et partant, des méthodes utilisées pour son enseignement. Enfin, l'observation des pratiques en Chine comme à Taiwan montre que la langue standard, après une politique de véhicularisation de près de cinquante ans, connaît à présent un processus de morcellement régional, voire de vernacularisation.

Introduction

La question qui a suscité cet article était la suivante: les langues de communication ont-elles des propriétés linguistiques qui les prédisposent à jouer ce rôle indépendamment des aléas de la constitution des Etats, ou acquièrent-elles progressivement ces propriétés en accédant à cette fonction? En ce qui concerne le chinois mandarin (que je préfèrerai appeler par la suite *chinois standard*, pour des raisons qui deviendront claires au cours de l'exposé), a-t-il subi du fait de son accès au rôle de langue nationale des altérations propres à le rendre plus facilement utilisable comme langue seconde?

Dans le cas du chinois standard, la réponse à cette question est assez complexe, du fait de l'histoire de sa formation, mais aussi de son devenir après plus de cinquante ans de promotion. Les trois axes que je voudrais développer en tentant de répondre à la question sont les suivants:

1) dans le cas du chinois standard, ce ne sont pas ses propriétés formelles qui lui ont valu d'être choisi comme langue nationale véhiculaire, mais plutôt son statut sociolinguistique. Ceci dit, la variété choisie a bel et bien subi des aménagements avant d'être promue au rang de «langue nationale» puis de «langue commune». Nous survolerons l'évolution historique du phénomène langue véhiculaire en Chine et ce qui a amené une certaine forme de mandarin à devenir la langue nationale de la

Chine Moderne. Dans cet article, il ne sera principalement question que de langue orale, avec parfois des recours nécessaires à la notion de langue vernaculaire écrite (*baihua*). Je n'aborderai cependant pas le système d'écriture et ses réformes, car ce sujet à lui seul demande plus de place pour être traité.

2) La promotion du chinois standard (actuellement appelé *putonghua* ou «langue commune» en Chine), par l'intermédiaire des médias et de l'enseignement, vise encore de nos jours à la vulgarisation de cette langue. Nous verrons cependant que cette politique s'est toujours heurtée à des obstacles qui tiennent à la conception même que les Chinois ont de cette langue en particulier, et des langues chinoises en général.

3) C'est cette conception de la langue, conjuguée aux particularités géographiques et linguistiques de la Chine, qui a entraîné un phénomène qui peut sembler paradoxal: la régionalisation, voire même la vernacularisation du chinois standard, conçu à l'origine comme un véhiculaire aux normes partagées par tous. J'en prendrai pour exemple la situation de la langue nationale à Taiwan.

1. Le chinois standard: histoire d'une langue nationale commune

1.1. Aperçu historique

Le chinois standard actuel n'est pas la première langue chinoise a avoir servi de véhiculaire en Chine: on sait par exemple qu'il existait un véhiculaire dès l'époque de la dynastie des Shang, entre 11 et 14 siècles avant notre ère, basé sur la langue de la région centrale de la Chine réunissant les centres politiques, commerciaux et culturels de l'époque. Ce véhiculaire avait une forme écrite «condensée», dont témoignent les *jiaguwen*. Plus tard sous les *Zhou occidentaux* (11ème au 8ème siècles avant notre ère), les «dialectes» chinois ayant évolué de façon déjà très distincte, ce véhiculaire, ayant évolué lui-même et désigné par le terme de *yayan* («langue élégante») est fermement établi, à l'oral comme à l'écrit, comme langue de l'éducation, de la culture, des cérémonies et de la diplomatie. Les événements politiques ont contribué à propager l'usage de cette langue comme véhiculaire et langue de culture vers des zones périphériques (en particulier la région du Yangzi) pendant près de 2000 ans (voir Chen 1999: 7 et suivantes). En ce qui concerne la langue orale, ce qui est enseigné est une *prononciation standard*, étant entendu que l'écrit fonctionne presque comme un système autonome, qui peut être oralisé dans toute langue ou dialecte chinois. Petit à petit, ce standard s'est limité à la lecture des textes littéraires, tandis qu'à l'oral, divers véhiculaires régionaux se développaient, si bien qu'à l'échelle de la Chine entière, il n'existait plus de véhiculaire oral.

Ce n'est que progressivement que le parler de Pékin prend politiquement de l'importance, mais il faut attendre le 20ᵉᵐᵉ siècle pour qu'il soit définitivement choisi comme base de la prononciation standard.

1.2. Les noms du véhiculaire

C'est à la fin de la dynastie des Qing et au début de la République de Chine (instaurée en 1911) que la volonté d'instaurer une langue standard pour la communication nationale se concrétise par diverses mesures officielles. Dans un premier temps et dès les premières années du vingtième siècle, le terme de *guoyu* «langue nationale» est proposé en référence à la politique linguistique menée par le Japon et visant à imposer un standard national parlé. Ce n'est que vers 1955, sous le régime communiste, que le terme actuel de *putonghua* «langue commune» est accepté et remplace le terme *guoyu*[1]. Le terme de mandarin (*guanhua*), chéri des Occidentaux, n'est pas utilisé en Chine pour désigner le standard actuel, tant à cause de sa polysémie que de ses connotations historiques. Celui-ci désigne en effet au moins deux entités distinctes: premièrement une famille linguistique comprenant les dialectes en vigueur dans toute la partie nord de la Chine, une grande partie de l'Ouest et les abords du fleuve Yangzi (famille que l'on appelle aussi communément *beifanghua* «parlers du Nord»); et deuxièmement les diverses formes historiques de standards parlés par les officiels et les lettrés de la dynastie des Yuan au début du vingtième siècle (et dont nous avons vu qu'il pouvait s'agir de formes différentes), et ce jusqu'à la naissance du *guoyu*. En revanche, le terme de *putonghua* vise à caractériser une langue du peuple, une langue pour tous.

1.3. Les caractéristiques du véhiculaire

— *phonologie*: au début, plusieurs variétés sont proposées comme base pour le système phonologique du nouveau standard (Nankin, Wuhan, Shanghai, Pékin)[2]; il est question d'introduire en plus de cette base unique plusieurs caractéristiques courantes dans les autres langues chinoises, dans le but de rendre ce standard plus universel. Il s'agit par exemple de conserver le *ru sheng* (ton «entrant», lié à la présence dans certaines syllabes d'une occlusive finale, à présent disparue dans les dialectes mandarins). C'est finalement le dialecte de Pékin qui est retenu lors du premier essai de standardisation de la prononciation basé sur ces principes dès 1912. Ce standard publié en 1919 concerne uniquement la prononciation des quelque 6500 caractères les plus cou-

1. Notons que, pour des raisons évidemment politiques, ce terme de guoyu est le seul nom officiel du standard à Taiwan.
2. Parmi ces quatre, seule la langue de Shanghai n'est pas de la famille mandarin.

rants dans la littérature classique. Il pèche cependant par son manque
de cohésion, du fait des concessions accordées ici et là aux dialectes
non pékinois ou à la phonologie historique du mandarin. Ainsi, dans la
pratique, il est difficile à mettre en place, car il ne forme un système
cohérent pour aucun locuteur des langues chinoises: il est à proprement parler un *artefact*. De plus, il ne constitue pas véritablement un
système linguistique complet, mais se résume à une simple norme pour
prononcer de manière standard les textes écrits. On ne peut donc pas le
considérer comme une langue standard, puisqu'aucun travail sur la
définition de la syntaxe et du lexique n'a été entrepris. En 1924, on
décide de remédier à l'impraticabilité de la prononciation standard en
se basant uniquement sur la variété vernaculaire (et non plus littéraire)
du dialecte de Pékin comme référence phonologique. Mais ce standard
n'est mis en œuvre que dans les années 30 (Chen 1999: 16-22, Zhou
1986: 8).

— *lexique et syntaxe*: les instructions données dès 1911 pour la définition
d'un standard stipulent que le lexique et la syntaxe seront basés sur les
dialectes mandarins du Nord, et qu'ils devront être «corrects, élégants
et logiques» (Chen 1999: 16). De fait, ces instructions ne résulteront
pas directement en l'établissement de nouvelles normes pour la langue
parlée. En revanche, c'est à l'occasion de la promotion dès la fin des
années 10 d'une nouvelle norme écrite, le *baihua* («langue blanche»[3])
qui se veut plus proche des vernaculaires, que des normes grammaticales et lexicales sont peu à peu mises en place. On en veut pour illustration la définition du terme *putonghua* donnée lors du Symposium
sur la Standardisation du Chinois Moderne de 1956 (dans J.Wang
1995[4], cité par Chen 1999: 24): «*Putonghua* is the standard form of
Modern Chinese with the Beijing phonological system as its norm of
pronunciation, and Northern Dialects as its base dialect, and looking
to exemplary modern works in *baihua* 'vernacular literary language'
for its grammatical norms». On peut dire que, dans la mesure où c'est
cette nouvelle littérature qui a le plus contribué à la promotion du
standard à travers l'éducation scolaire, ces normes de l'écrit se sont
imposées à l'oral pour les locuteurs non-natifs du dialecte de Pékin.
On note cependant des différences régionales parfois importantes,
comme nous le verrons plus bas (Chen 1999: 91-93; voir aussi Zhou
1986: 8).

---

3. Ce terme de *baihua* n'est pas nouveau, et a toujours désigné la littérature vernaculaire,
qui a bien entendu évolué aussi largement que les vernaculaires eux-mêmes. La seule comparaison du *baihua* du début du mouvement de vernacularisation (1919) et de celui des
années 50 montre des changements très importants, et en particulier une certaine unification.
4. Wang, Jun, 1995, *Dangdai Zhongguo de wenzi gaige* [Les réformes de l'écriture dans
la Chine contemporaine], Dangdai zhongguo chubanshe.

2. Véhicularisation du chinois mandarin

2.1. *Les atouts démographiques et géographiques du mandarin standard*

Les dialectes dits «mandarins» sont ceux qui sont parlés par la majorité de la population chinoise (70% des locuteurs han, qui représentent eux-mêmes près de 90% de la population chinoise) et dont le territoire est le plus étendu (tout le Nord et la majorité du Sud-Ouest de la Chine, excepté les endroits ou des langues non-chinoises sont parlées). Bien que divers et pas toujours mutuellement intelligibles, si bien qu'on les classe habituellement en sous-groupes[5], ils sont relativement homogènes, comparés aux autres familles dialectales (Norman 1988: 181-8).

Le choix d'un standard basé sur un dialecte mandarin, et de plus un dialecte prestigieux du fait de la position politique de Pékin, repose donc sur un souci de proximité de la norme imposée comme véhiculaire avec les vernaculaires du plus grand nombre.

2.2. Les difficultés de la véhicularisation

Il faut cependant reconnaître que la popularisation du chinois standard n'a pas eu tout le succès escompté. Ceci ne semble pas être un fait nouveau. En effet, Chen remarque déjà à propos de l'enseignement du standard à l'époque pré-moderne:

> «Even though basic education ensured a knowledge of the literary pronunciation of characters that was sufficient for literary purposes, this by no means guaranteed proficiency in Standard Spoken Chinese even at the most rudimentary level. In spite of the prestige associated with the national spoken standard, the average level of proficiency in the spoken standard was extremely low in Southern dialect areas during the final years of the Qing dynasty, even among the privileged few who had access to education». (Chen 1999: 12-13)

On pourrait, en atténuant un peu les termes, faire le même constat dans la Chine actuelle, malgré des chiffres plutôt positifs rapportés par quelques enquêtes portant sur la popularisation du *putonghua* (voir tableau ci-dessous, où il faut noter cependant la faiblesse des compétences d'expression par rapport à la compréhension). On en veut pour preuve la nécessité pour le gouvernement chinois de relancer à plusieurs reprises depuis les années 50 la politique de popularisation de la langue standard (Chen 1999: 26-27).

---

5. Cette classification peut différer selon les auteurs. Une des plus répandues est: Mandarin du Nord, du Nord-Ouest, du Sud et du Sud-Ouest.

Percentage of population with comprehension and speaking proficiency in putonghua

	Early 1950s	1984
Comprehension		
Mandarin areas	54	91
Other dialect areas	11	77
Whole country	41	90
Speaking		
Mandarin areas	*	54
Other dialect areas	*	40
Whole country	*	50

* no statistics available
(selon R.Wu et B.Yin 1984[6]: 37, adapté par Chen 1999: 28)

Chen (1999: 28-30) cite plusieurs facteurs qui peuvent favoriser ou au contraire entraver la progression de la langue standard, nommément le plus ou moins grand prestige des standards dialectaux, l'homogénéité linguistique des dialectes locaux, l'économie locale et le degré d'instruction des personnes. Ces facteurs me semblent en effet jouer un grand rôle dans les succès ou échecs de la politique linguistique de véhicularisation du chinois mandarin.

Je voudrais cependant citer ici deux facteurs dont l'importance ressort des entretiens que j'ai eus l'an dernier avec des professionnels de l'enseignement du *putonghua* dans des zones dialectales autres que mandarines. Ce sont d'une part la conception que l'on a en Chine de la langue standard (et pourrait-on dire, des langues chinoises en général, unifiées à un certain degré par leur écrit), et par conséquent, de l'enseignement de la langue.

Selon la première de ces conceptions, une langue standard est avant tout une *prononciation standard*, dont la syntaxe et le lexique sont ceux de l'écrit, celui-ci surtout littéraire et considéré comme universel. Le dialectologue Chao Yuen-Ren lui-même considérait que l'ensemble des dialectes chinois était homogène en termes de caractéristiques syntaxiques, ce qui l'a amené à négliger la syntaxe dans ses enquêtes dialectologiques, ne s'attachant qu'à la phonologie (Li 1988: 147).

Une telle conception de la langue chinoise n'est bien entendu pas sans conséquences sur son enseignement. Dans l'enseignement primaire, on met l'emphase sur l'acquisition du système phonétique de la langue standard, et ce principalement à travers la lecture de caractères, de mots puis de textes, les exercices de transcription (écrire en *pinyin*[7] la prononciation d'un caractère) ou d'identification à partir du son (écrire le caractère correspondant à

6. Wu, Renyi et Yin Binyong, 1984, Putonghua shehui diaocha, Wenzi gaige 11, 37-8.
7. Transcription officielle de la prononciation standard, en caractères latins.

la syllabe en *pinyin*, dans un contexte défini). Les structures de la langue en tant que discours organisé et moyen de communication sont ignorées dans cet enseignement. Ceci fait que les publics scolaires, malgré des années d'enseignement du *putonghua* et en *putonghua*[8], manquent gravement de compétence de communication en langue standard. Dès l'enseignement secondaire en revanche, l'enseignement de la langue se reporte sur la littérature, à travers la lecture exclusive de textes littéraires visant à enrichir le vocabulaire et à faire acquérir un style d'écriture littéraire empruntant beaucoup au chinois classique.

Force a été de constater l'échec de cet enseignement en termes d'acquisition de compétences de communication en langue standard pour ses locuteurs non-natifs, et ce récemment encore. En 1994 paraît un document émanant conjointement de la Commission nationale de la langue et de l'écriture, de la Commission de l'éducation et du Ministère de la radio et de la télévision[9]. Ce document stipule et régule la mise en place d'une procédure d'évaluation nationale des compétences en *putonghua* des enseignants du premier et du second degré, des enseignants des écoles normales, ainsi que des présentateurs de radio et de télévision et des professionnels du spectacle. Cet examen doit aussi s'appliquer aux étudiants en dernière année d'études dans les instituts et écoles de formation des enseignants, quelle que soit la matière qu'ils sont destinés à enseigner. Il est intéressant de constater que le même niveau de compétence n'est pas exigé de tous: le document prévoit avec un certain réalisme trois niveaux de certification (chacun comportant deux degrés)[10].

— Les enseignants et les diplômés des écoles/instituts normaux devront atteindre le niveau 1 ou à défaut le niveau 2. Les enseignants de lettres et langue devront atteindre un niveau supérieur aux enseignants des autres matières.

— Les enseignants spécialisés dans l'enseignement de la phonétique du *putonghua*, les professionnels de la radio, du cinéma, des séries télévisées, du théâtre, du doublage et les étudiants diplômés de ces spécialités devront atteindre le premier degré du niveau 1, ou à défaut le second degré de ce niveau.

Cette directive n'a pas été ratifiée immédiatement par toutes les provinces de Chine. En effet, du fait des variations dialectales, celles-ci sont très inégales devant la pratique et le niveau de compétences en *putonghua*

---

8. Cette dernière affirmation mérite d'être commentée. S'il est vrai que les directives aux enseignants du primaire et des deux cycles du secondaire imposent un enseignement en putonghua, dans les zones où cette langue n'est pas la langue première des enseignants et des élèves, il est bien rare que les directives soient appliquées. L'exception majeure est le deuxième cycle du secondaire, dans lequel, du fait du plus petit nombre d'établissements et de leur localisation dans les grandes agglomérations, il est fréquent que le public soit hétérogène en termes de langue maternelle. Le recours au *putonghua* y est alors nécessaire.

9. Le texte de ce document est reproduit dans Fu et Yin 1998: 463-6.

10. Et dont la description figure en annexe.

de leur population, enseignants compris. La province du Zhejiang par exemple n'a décidé de mettre en place cet examen qu'en 1997. A l'Institut Normal de Wenzhou (l'une des sous-préfectures de cette province), l'examen pour tous les étudiants sortants a été mis en place en 1998, mais une procédure équivalente était déjà en place depuis plusieurs années pour les futurs enseignants de lettres et langue chinoises. Les schémas d'enseignement n'ont cependant pas évolué depuis les années 50, puisque les cours mis en place à cette occasion par l'Institut portent essentiellement sur l'acquisition d'une *prononciation* correcte du standard.

Il est prévu d'étendre très prochainement l'examen national à tous les diplômés d'établissements supérieurs, et non seulement aux futurs enseignants. Cette politique tient donc manifestement compte d'un constat d'échec relatif de l'enseignement du chinois standard au premier et second degré, puisqu'elle introduit l'enseignement de la langue standard à l'université, où celle-ci était autrefois supposée acquise.

3. Le chinois standard entre véhiculaire et vernaculaire

Loin de lui assurer une meilleure diffusion dans les zones dialectales non-mandarines, les caractéristiques du chinois standard les plus différentes des autres familles dialectales ont eu tendance à êtres gommées par les locuteurs non-natifs, donnant ainsi naissance à des variétés locales de *putonghua*. Ces variétés locales, de par leur omniprésence, ne peuvent être ignorées des autorités chinoises, comme le montrent les politiques linguistiques.

Mais ce phénomène à lui seul ne permet pas toujours pour autant de parler de vernacularisation, dans le sens de Manessy («l'effet produit par l'opération, sur une variété de langue, de deux processus complémentaires: la simplification des structures grammaticales et l'élaboration compensatoire des moyens d'expression», Manessy 1981: 87), ou dans celui que Wald (1990: 7) donne à ce terme, soit d'une part la «stabilisation de certains traits» et d'autre part «l'élaboration des procédés expressifs spécifiques, qui produisent des formes d'expression susceptibles d'être assignés à des agrégats sociaux plus ou moins stables». Nous verrons cependant qu'on peut certainement parler de vernacularisation dans certaines conditions, remplies par exemple par la communauté linguistique de Taiwan.

Mais commençons par examiner les caractéristiques du *putonghua* qui le différencient des autres dialectes non-mandarins.

3.1. Les caractéristiques phonétiques du chinois standard dont l'acquisition pose problème

Il est intéressant pour dresser l'inventaire de ces caractéristiques, de se baser sur un document officiel dont le but premier est de définir ce qu'est la compétence en chinois standard. Il s'agit d'un document que j'ai déjà cité, nommément celui concernant la mise en place d'un examen pour certaines professions chargées de la diffusion du standard. Une partie de ce document définit les divers niveaux de compétence possibles en *putonghua* (voir le texte traduit en annexe), citant les divers types et degrés d'erreur tolérés. La majorité de ces erreurs concerne la prononciation. On y relève en particulier des phénomènes d'interférence entre phonologie des dialectes du Centre et du Sud de la Chine et phonologie du mandarin standard:

— la non-distinction de certains contrastes phonémiques: contraste entre les palatales rétroflexes (notées *zh, ch, sh*) et les coronales (*z, c, s*), entre les finales nasales coronale (*n*) et vélaire (*ng*), les coronales nasale (*n*) et latérale(*l*) en position initiale, entre les fricatives labio-dentale (*f*) et vélaire (*h*), entre les affriquées coronale et palatales (*z, zh* et *j*), les occlusives plosives ou non, les voyelles antérieures hautes arrondie ou non (*i* et *ü*). Toutes ces neutralisations sans conditions d'oppositions phonologiques résultent bien entendu en une simplification du système phonologique du standard;
— la rétention d'occlusives ou affriquées voisées, qui n'existent plus en mandarin;
— la perte des semi-voyelles précédant le nucleus de la syllabe (simplification de la structure syllabique).

Manifestement, le système phonologique standard est difficile à acquérir pour les locuteurs des autres dialectes[11]. L'influence du substrat linguistique semble être bien établie[12].

Il est aussi fait allusion à des erreurs de type prosodique (les valeurs des tons, «l'accent»), lexical et grammatical, sans grande précision sur ces domaines, si ce n'est qu'il s'agirait de tournures «dialectales».

3.2. Les caractéristiques syntaxiques des dialectes non-mandarins intégrées au chinois standard

Un certain nombre de publications traitent des différences syntaxiques entre standard et un dialecte chinois donné[13]. Certaines caractéristiques grammaticales sont répandues dans l'ensemble des dialectes du Sud de la Chine, et Chen (1999: 91-93) note qu'un petit nombre d'entre elles a peu à peu fait son chemin dans les écrits en chinois standard. Il en recense trois:

— l'usage de la locution *youmeiyou* placée avant le verbe pour exprimer l'interrogation, alors que le mandarin standard utilise *meiyou* placé

11. Ce qui ne veut pas dire qu'il soit plus complexe. L'inventaire des phonèmes et des diphtongues y est au contraire plus pauvre que dans la majorité des dialectes du Sud.
12. Certains ouvrages en font même l'étude détaillée, comme Fu et Yin (1998), qui se consacrent aux difficultés d'apprentissage du *putonghua* par les locuteurs des dialectes du Zhejiang, et fournissent une étude comparative entre standard et dialectes.
13. Voir par exemple Fu et Yin (1998) pour les dialectes du Zhejiang, Li (1988) et Tsao (1988) pour le hokkien/taiwanais (ou minnan).

après le VP dans les phrases à l'aspect accompli. En mandarin, *you* (le verbe «avoir») dénote l'aspect accompli, mais dans certaines régions, *youmeiyou* comme locution interrogative s'applique même à des VP statifs (par exemple à Taiwan, où cet usage calque celui du minnan, dialecte majoritaire). Cette nouvelle norme a vu le jour sous l'influence du substrat des familles dialectales wu, min et yue.

— L'usage des verbes *lai* et *qu* (venir/aller) en début de VP pour dénoter le mouvement, alors qu'en mandarin standard, ces verbes sont placés en fin de syntagme verbal ou prépositionnel.

— L'utilisation élargie du classificateur verbal *yixia*.

Si ces trois variantes sont à présent largement acceptées en chinois standard, il en existe bien d'autres qui n'ont cours que régionalement, et participent des caractéristiques définitoires des variétés régionales de *putonghua*.

3.3. *L'appropriation vernaculaire du mandarin à Taiwan*

Si l'on en croit les études statistiques, la proportion des locuteurs ayant une compétence fonctionnelle (compréhension et expression) en chinois standard à Taiwan est bien plus forte qu'en Chine, et ce malgré le fait que plus de 80% des Taiwanais ont un dialecte de deux familles linguistiques du Sud (minnan ou hakka) pour langue maternelle. Huang (1993) estime par exemple à 20% la proportion des personnes ne parlant pas le chinois standard dans les années 80. Leur répartition par classes d'âges est la suivante:

40 ans	15%	50 ans	25%
55 ans	35%	60 ans	40%
65 ans	45%	70 ans	50%

soit une progression de 1 à 2% par an d'âge. Les 80% restants, des personnes âgées de moins de 40 ans dans les années 80, sont tous capables d'utiliser la langue nationale de façon courante.

Young (1987: 98) note quant à lui une tendance des Han (Hakka et Minnan ainsi que les locuteurs d'autres langues chinoises) à utiliser le chinois standard en proportion croissante, et ce non seulement dans les domaines traditionnellement réservés à la langue officielle, mais aussi en famille et entre amis, ce qui dénote une tendance à l'appropriation du chinois standard comme langue de l'intimité et de la convivialité. Si l'on se réfère à Manessy (op.cit.), pour qui la vernacularisation d'une langue qui est au départ un standard, et donc limitée à des usages normés, entraîne *l'expansion fonctionnelle* de cette langue, on constate que c'est bien ce qu'indiquent les nombreuses enquêtes à propos des usages du chinois standard à Taiwan. De langue officielle, langue de l'éducation, et en tant que telle, langue seconde des Taiwanais, le chinois standard est en train de devenir langue première, ou du moins langue apprise avant même la scolarisation, en tous cas langue de l'intimité (utilisée en famille) ou de la convivialité (utilisée entre amis) pour bon nombre de Taiwanais.

Il faut noter que ce phénomène d'appropriation du chinois standard par les Taiwanais se vérifie aussi au niveau de sa forme. On retrouve dans le chinois standard des Taiwanais nombre des caractéristiques présentes dans le Sud de la Chine, mais aussi des caractéristiques propres à Taiwan. En ce qui concerne la phonologie, on constate la présence de la majeure partie des caractéristiques phonologiques propres aux locuteurs du Sud de la Chine citées plus haut, plus quelques autres propres à la région. Les caractéristiques lexicales comprennent bien entendu des néologismes dus à la longue séparation des deux pays, mais aussi des régionalismes traduits ou empruntés des langues locales. Enfin, on recense un certain nombre de caractéristiques syntaxiques propres (telles que l'expression de l'aspect au moyen de pré-verbes au lieu des particules aspectuelles post-verbales utilisées en chinois standard).

Les Taiwanais sont si conscients de la singularité de leur véhiculaire qu'ils désignent ce nouveau standard par le vocable de «langue nationale de Taiwan» (*Taiwan guoyu*). Kubler (1981) montre que ce standard est le résultat d'une influence du substrat minnan sur le chinois standard aux niveaux syntaxique, lexical et phonologique. Si le terme de «langue nationale de Taiwan» a été longtemps utilisé de façon péjorative (dénotant «l'incapacité» des Taiwanais de souche à parler le chinois «correctement»), il est maintenant un signe extérieur de l'identité taiwanaise, et, en faisant son entrée dans la politique et les médias, est devenu une arme politique importante. Cette vernacularisation du mandarin n'a semble-t-il été possible à Taiwan que parce que la phase de véhicularisation était déjà très avancée.

Conclusion

La question posée au départ était celle de l'acquisition par la langue véhiculaire des propriétés linguistiques qui lui permettaient de remplir ce rôle: cette acquisition était-elle antérieure ou postérieure à l'émergence de la fonction véhiculaire?

Dans le cas du chinois standard, il semble que l'on doive répondre de façon ambiguë: si certaines propriétés du dialecte mandarin de Pékin lui appartenaient dès avant son accession au statut de véhiculaire national (en particulier son système phonologique, mais aussi son prestige social dans sa version lettrée), d'autres lui ont clairement été attribuées dans le but de convenir à la majorité de la population (notamment une assise lexicale et grammaticale plus large, se référant à l'ensemble des dialectes mandarins).

Mais au-delà de cette question se pose celle de l'adéquation de cette langue à ses locuteurs non-natifs. Les chiffres ont montré que, même pour les locuteurs de dialectes mandarins autres, l'acquisition d'une compétence expressive en chinois mandarin standard n'était pas chose aisée. Il semble que la véhicularisation du chinois standard, en touchant des locuteurs d'autres dialectes, ait eu pour effet paradoxal la création de variétés régionales, dont l'aboutissement extrême serait la naissance d'un nouveau vernaculaire. On retrouve ici un schéma qui semble assez familier à l'évolution des véhiculaires: une première phase de véhicularisation, entraînant des simplifications linguistiques, puis une phase de fragmentation donnant lieu à des variations plus importantes, et enfin une phase de vernacularisation, qui peut donner lieu à une nouvelle complexification des structures de la langue, indépendamment des normes du standard de départ.

Ce développement n'est bien sûr pas sans rappeler l'extension de l'anglais comme langue véhiculaire internationale, ponctué par ses diverses variétés «régionales» comme celles que l'on peut isoler en Inde ou aux Philippines. Là où les facteurs de rupture géographique et dans les réseaux de communication, caractéristiques de l'expansion de l'anglais, expliquent sans peine un tel morcellement, celui-ci n'était certainement pas attendu par les réformateurs qui tentèrent de donner à la Chine une langue commune!

Claire SAILLARD
Université Paris 7
saillard@linguist.jussieu.fr

Abstract

This paper deals with the linguistic properties of Modern Standard Chinese (or «Mandarin Chinese»), bearing in view its sociolinguistic function as a vehicular language for Chinese nationals. The historical circumstances which have triggered the conception of such a standard are briefly recalled; then issues related to its diffusion among speakers of other (Chinese) languages are dealt with. The relative unsuccess of the standard's diffusion is explained in terms of conceptions regarding language structure and language teaching. Finally, observing language uses in China and Taiwan reveals that the standard language, promoted as a vehicular for near fifty years, is now subject to regionalization processes, leading ultimately to vernacularization.

Références bibliographiques

Chen, Ping, 1999, *Modern Chinese, History and Sociolinguistics*, CUP.
Cheng, Chin-Chuan, 1986, «Contradiction in Chinese Language Reform», *International Journal of the Sociology of Language* 59, Mouton de Gruyter, pp. 87-96.
Fu, Guotong et Yin Zuoyan, 1998, *Putonghua daoxue* [Etude guidée du chinois standard], Zhejiang Jiaoyu Chubanshe.
Jernudd, Björn H. (Ed.), 1986, *Chinese Language Planning: Perspectives from China and Abroad*, International Journal of the Sociology of Language 59, Mouton de Gruyter.

Kubler, Cornelius, 1981, *The development of Mandarin in Taiwan: a case study of language contact*, PhD dissertation, Cornell University.

Li, Ying-Chih, 1988, «A comparative study of certain verb phrase constructions in Mandarin and Hokkien», in Robert L. Cheng and Shuanfan Huang (Eds.), *The structure of Taiwanese: A modern synthesis*, Taipei: The Crane, pp. 147-63.

Liu, Yongquan, 1986, «Terminological development and organization in China», *International Journal of the Sociology of Language* 59, pp. 33-46

Manessy, Gabriel, 1981, «Expansion fonctionnelle et évolution», in A. Highfield and A. Valdman (Eds.), *Historicity and variation in creole studies*, Karoma Publishers: Ann Arbor, pp. 79-90.

Norman, Jerry, 1988, *Chinese*, CUP

Paris, Marie-Claude, 2000, «Les langues de Chine et le chinois», *Lalies* 20, Editions ENS rue d'Ulm, pp. 7-22.

Saillard, Claire, 1998, *Contact des langues à Taiwan*, Doctorat, Université Paris 7.

Tsao, Feng-fu, 1988, «The functions of Mandarin *gei* and Taiwanese *hou* in the double object and passive constructions», in Robert L. Cheng and Shuanfan Huang (Eds.), *The structure of Taiwanese: A modern synthesis*, Taipei: The Crane, pp. 165-202.

Tse, John Kwock-Ping, 1986, «Standardization of Chinese in Taiwan», *International Journal of the Sociology of Language* 59, Mouton de Gruyter, pp. 25-32.

Wald, Paul, 1990, «Catégories de locuteur et catégories de langue dans l'usage du français en Afrique», *Langage et Société* 52, pp. 5-21.

Young, Russell, 1987, *Attitudinal and sociocultural factors influencing language maintenance, language shift and language usage among the Chinese on Taiwan*, PhD Dissertation, San Diego University.

Zhou, Youguang, 1986, «Modernization of the Chinese Language», *International Journal of the Sociology of Language* 59, Mouton de Gruyter, pp. 7-23

ANNEXE

Définition des niveaux et degrés de compétence mesurés par l'examen de compétence en putonghua (traduit et adapté de Fu et Yin, 1998: 467-8)

Niveau 1:
• *Premier degré*: lors de la lecture et du discours libre, la prononciation est standard, le vocabulaire et la grammaire corrects et sans faute, le ton est naturel, l'expression aisée. Le taux d'erreur à l'examen ne dépasse pas 3% dans l'ensemble.
• *Deuxième degré*: lors de la lecture et du discours libre, la prononciation est standard, le vocabulaire et la grammaire corrects et sans faute, le ton est naturel, l'expression aisée. On relève quelques erreurs de prononciation (phonèmes et tons). Le taux d'erreur à l'examen ne dépasse pas 8% dans l'ensemble.

Niveau 2:
• *Premier degré*: lors de la lecture et du discours libre, la prononciation (initiales, finales, tons) est globalement standard, le ton est naturel, l'expression aisée. Quelques sons difficiles (la distinction entre les consonnes rétroflexes ou non, les finales nasales antérieures et postérieures, les nasales et les latérales) sont

occasionnellement mal prononcés. Le vocabulaire et la grammaire comportent très peu de fautes. Le taux d'erreur à l'examen ne dépasse pas 13% dans l'ensemble.

• *Deuxième degré*: lors de la lecture et du discours libre, certains tons ne sont pas standard, certaines initiales ou finales ne sont pas prononcées avec l'articulation correcte. Les sons qui font difficulté sont assez nombreux (les distinctions entre les consonnes rétroflexes ou non, les finales nasales antérieures et postérieures, les nasales et les latérales, *fu* et *hu*, *z*, *zh* et *j*, les occlusives plosives ou non, *i* et *ü*; la rétention d'occlusives ou affriquées voisées, la perte des semi-voyelles, la simplification des initiales complexes, etc.), les fautes assez fréquentes. L'accent dialectal n'est pas très audible. Utilisation occasionnelle de mots et structures grammaticales dialectaux. Le taux d'erreur à l'examen ne dépasse pas 20% dans l'ensemble.

Niveau 3

• *Premier degré*: lors de la lecture et du discours libre, les fautes de prononciation des initiales et finales sont assez nombreuses, les sons qui font difficulté dépassent le domaine des difficultés communément rencontrées, la plupart des tons sont erronés. L'accent dialectal est assez marqué. Des fautes lexicales et grammaticales sont commises. Le taux d'erreur à l'examen ne dépasse pas 30% dans l'ensemble.

• *Deuxième degré*: lors de la lecture et du discours libre, les fautes de prononciation des initiales et finales sont nombreuses, les caractéristiques d'une prononciation dialectale sont apparentes. L'accent dialectal est marqué. Des fautes lexicales et grammaticales sont commises en nombre assez important. Le discours n'est pas toujours compréhensible à une personne d'origine différente. Le taux d'erreur à l'examen ne dépasse pas 40% dans l'ensemble.

TABLE DES MATIÈRES